HEINZ BUDE

ABSCHIED VON DEN BOOMERN

Hanser

5. Auflage 2024

ISBN 978-3-446-27986-5
© 2024 Carl Hanser Verlag GmbH & Co. KG, München
Umschlag: Anzinger & Rasp, München
Satz im Verlag
Druck und Bindung: GGP Media GmbH, Pößneck
Printed in Germany

FSC
www.fsc.org

MIX
Papier | Fördert
gute Waldnutzung
FSC® C014496

»Stop Making Sense«
Talking Heads, 1984

INHALT

»Wir waren in diese Stadt gekommen, von der wir nicht wussten, dass die Toten einem hier den Platz zuweisen. Hätten wir doch Heiner Müller gelesen. Doch wir waren jung und interessierten uns nicht für den Tod.«[1]

Das Wir ist eine Gruppe von Jungmenschen, die Ende der 1970er Jahre zum Studium nach Westberlin gegangen waren, auf eine Insel mitten in der DDR, weit weg von Heilbronn, Wuppertal oder Trier. Sie sind um 1960 geboren. Damit gehören sie der Generation der Boomer an, wie die Kohorte der zwischen 1955 und 1964 oder, sozialgeschichtlich vielleicht treffender, zwischen 1955 und 1970 Geborenen genannt wird, weil sie die geburtenstärksten Jahrgänge nach dem Zweiten Weltkrieg bilden.

DIE KOHORTE

Die Boomer als Pulk geburtenstarker Jahrgänge gibt es in allen Ländern, die am Zweiten Weltkrieg beteiligt gewesen sind, zeitlich allerdings verschoben. In den USA, die den Krieg nicht zu Hause führten, war die Geburtenrate während der »Great Depression«, die das Land im Gefolge der Weltwirtschaftskrise der späten 1920er Jahre erfasst hatte, auf den Tiefpunkt gesunken und stieg dann beginnend mit dem »New Deal« der »Roosevelt-Ära« kontinuierlich bis in die 1960er Jahre an. Der erste globale Boomer war der 1946 geborene Bill Clinton, von 1993 bis 2001 der 42. Präsident der Vereinigten Staaten von Amerika. Er stammt aus kleinen Verhältnissen und spielt Saxofon und verleitete seine Landsleute dazu, die Schulden zu machen, die sich der Staat nicht mehr leisten konnte.[2] Auch in den Niederlanden, in Frankreich, in Belgien oder in Großbritannien, Dänemark, Finnland und Norwegen wurden schon während des Krieges mehr Kinder geboren. Die Geburtenentwicklung in Deutschland ist durch die ausfallende Kriegsgeneration gekennzeichnet. Das sind die Jahrgänge 1910 bis 1920, die 1939 eingezogen worden waren, in fünf Jahren an der Front und während vier Jahren in der Kriegsgefangenschaft dezimiert wurden und deren Restbestände sich nach ihrer Rückkehr erst wieder an ein ziviles Leben mit Frau und Kindern gewöhnen mussten, bevor sie daran denken konnten, in familialer Eintracht ein Kind des Neuanfangs in die Welt zu setzen. In diesem Punkt gab es keinen Unterschied zwischen West- und Ostdeutschland. Nur stieg in der DDR die Kinderzahl je Frau etwas später an und begann schon früher wieder zu sinken.

Den Höhepunkt erreichte der Babyboom in beiden Deutschlands übrigens 1964 mit 1,36 Millionen zur Welt gebrachten Kindern – so viele wie vorher nicht und nachher nicht. 1,07 Millionen betrug die Zahl im Westen und 0,29 Millionen im Osten. Der nachfolgende »Pillenknick« hat vermutlich weniger mit der Verfügbarkeit der »Antibabypille« zu tun, die in der Bundesrepublik schon seit 1961 auf dem Markt war. Allerdings stiegen die Verschreibungszahlen erst um 1970 deutlich, was vermutlich mit der wachsenden Bildungsbeteiligung von Mädchen und jungen Frauen zusammenhing. Seit 1999 studieren mehr junge Frauen als junge Männer an deutschen Universitäten. Mit der Verlängerung der Bildungszeit erhöht sich das Heiratsalter, sodass selbst das katholische Mädchen aus einem Arbeiterhaushalt vom Lande[3] bis zur Beendigung seiner Ausbildung Sex ohne Zeugung bevorzugt. Daran ändert auch die Akzeptanz nichtehelicher Formen des Zusammenlebens mit Kindern nichts. Die Kinder sollen nach und nicht während der Ausbildung kommen. Aus dem Blick eines langfristigen »demografischen Übergangs« erscheint der

Babyboom des Nachkriegs daher wie eine kriegsbedingte Anomalie. Zum Vergleich: 2022 wurden in Deutschland, seriös geschätzt, 739 000, also rund 600 000 weniger Kinder geboren als 1964.

Die Geburtsjahrgänge 1955 bis 1970 stellen derzeit fast 30 Prozent der Bevölkerung in Deutschland. Die Jüngeren bereiten sich auf den Ausstieg aus dem Erwerbsleben vor, die Älteren sind schon in Rente gegangen. Der Übergang verläuft fließend, weil bei den Babyboomern bereits die schrittweise Anhebung der regulären Altersgrenze auf 67 Jahre bis 2029 greift und außerdem immer mehr Boomer ihre Lebensarbeitszeit verlängern. Zu Beginn der 2030er Jahre, also in weniger als zehn Jahren, wird die Mehrheit des stärksten Jahrgangs 1964 aus dem Erwerbsleben ausgeschieden sein, um in einen neuen, vermutlich langen und aktiven Lebensabschnitt einzutreten. Die damit verbundenen Wünsche nach einem guten Leben im Alter werden Wirtschaft und Gesellschaft beleben und belasten.

Unsere Gruppe strebt in die Frontstadt der Systemkonfrontation, um dem Bund zu entgehen oder um sich auszuprobieren. Sie treffen jedoch auf eine Stadt, die auf sie den Eindruck macht, als ob der Zweite Weltkrieg erst seit 14 Tagen vorbei sei, und es dämmert ihnen, dass die Flucht aus der Enge Westdeutschlands den Wiedereintritt in eine Welt von Bildern und Vorstellungen bedeutet, aus der sie geflohen waren. Von Heiner Müller, damals der einzige gesamtdeutsche Schriftsteller, dessen Stücke im Osten geschrieben worden waren und im Westen uraufgeführt wurden, hätten sie etwas von den Nibelungen vor Stalingrad, von den Leichen von Rosa Luxemburg und Karl Liebknecht im Landwehrkanal, von Albert Speer im Kriegsverbrechergefängnis Spandau und von der Wahnverwandtschaft von Hitler und Stalin erfahren können. In einem Text von 1979, den Müller für einen Auftritt in New York geschrieben hatte, hätten sie zudem diesen Hammersatz finden können: »Die erste Gestalt der Hoffnung ist die Furcht, die erste Erscheinung des Neuen der Schrecken.«[4]

FRÜHE
PRÄGUNGEN

Man darf nicht vergessen, dass die Boomer im Nachbeben des Weltkriegs aufgewachsen sind. Sie erinnern sich an den Friseur, der sich durch seinen Salon mit einer Beinprothese jonglierte, und an den Nachbarn von gegenüber, dem ein Arm fehlte und der sich als Nachtwächter sein Geld verdiente; sie haben als Kinder von Flüchtlingen und Vertriebenen erlebt, wie die ganze Energie ihrer Eltern in den Bau eines Eigenheims floss; sie haben nach der Schule im Radio die Sendungen des Suchdienstes des Deutschen Roten Kreuzes gehört; sie wussten genau, welche ihrer Lehrerinnen und Lehrer Nazis waren. Da war früher nichts besser.

Die Oma hatte noch labbrige Geldscheine über hunderttausend Reichsmark aus der Inflationszeit von 1923 in der Schublade und sie erzählte, dass man dafür gerade mal ein Ei kaufen konnte. Onkel Helmut, der alle drei Wochen am Sonntagnachmittag zum Kaffeetrinken kam, tischte jedes Mal die Geschichte von der »Schlacht um Narvik« auf, als er 1940 mit der Gebirgsjäger-Division der Deutschen Wehrmacht im besetzten Norwegen der alliierten Übermacht, wie er sich eigentümlich gewählt ausdrückte, trotzte. Und wenn man in Wuppertal aufwuchs und mit dem

Papa sonntagnachmittags nach dem Gang durch das Oster-
holz im Ausflugslokal »Neu-Amerika« einkehrte, servierte
einem der dicke Kellner mit der weißen Jacke die nackte
Brühwurst ganz allein auf einem großen weißen Teller, als
wäre sie eine Spezialität aus der Neuen Welt. Nach dem
Verzehr des unglaublich leckeren glitschigen Teils musste
der Kleine dann noch zur Theke gehen, um dem Vater eine
Fehlfarben zu 30 Pfennig zu holen, die dieser anbiss und,
nachdem er das abgebissene Stück ausgespuckt hatte, mit
einem Streichholz der Marke »Welthölzer« mit ein paar ge-
nüsslich paffenden Zügen anzündete.

Die Boomer sind die Kinder von jungen Weltkriegsteilnehmerinnen, die keine tragfähige Erinnerung an die erste
deutsche Republik mehr hatten. Die Väter waren mehrheitlich zwischen 1920 und 1926 und die Mütter zwischen
1930 und 1936 geboren. Anfang der 1970er Jahre beherrscht
diese relativ geburtenstarke Generation die Arbeits- und
Gesellschaftswelt in beiden deutschen Staaten.[5] Die Eltern
sind im »deutschen Wirtschaftswunder der dreißiger Jahre«
(Sebastian Haffner[6]) herangewachsen und haben zuerst das
Nazi-Spektakel mit Autokult (der KdF, das heißt: Kraft-
durch-Freude-Wagen als Volkswagen, kurz VW), mit Schla-
gern aus dem Volksempfänger (»Ich brech' die Herzen der
stolzesten Frau'n«) und mit Kinoglamour (das Traumpaar
Lilian Harvey und Willy Fritsch) erlebt und nach dem
Scheitern des Blitzkriegs gegen die Sowjetunion den Ausbruch der Angst und des Terrors in der Heimat.[7] Schönheit

und Gewalt passten plötzlich nicht mehr zusammen. Die Eltern der Boomer wurden als junge Soldaten in die End-offensiven des Zweiten Weltkriegs geworfen oder mussten als junge Mädchen mit Luftschutzkellerkompetenz auf ihre kleinen Geschwister aufpassen. Den bei der HJ und beim BDM eingeübten Leistungsfanatismus (so ein ganz schön brennender Ausdruck von Hans-Ulrich Wehler[8]) haben sie in den Wiederaufbau der Bundesrepublik wie der DDR ein-gebracht. Als kindliche Zeugen dieser Affektverwandlung von Weltkriegern in Wiederaufbauerinnen haben die Boo-mer eine Ahnung vermittelt bekommen, wie Größe klein-gearbeitet wird und wie aus Träumen Schäume werden.

Das alles spielte sich ab in einer Welt mit Einbaukü-chen, Schmelzkäseecken und Whisky der Marke Racke Rauchzart, mit Müttern, die sich als Genusszigarette eine Astor gönnten, und mit Vätern, die am Donnerstagabend zum Kegeln verschwanden. Ein Gefühl für sich selbst ent-wickelten die Heranwachsenden nur dann, wenn sie sich den Mysterien des Pettings, der Kraft des Mopeds und den Songs aus dem leise unter dem Handtuch spielenden Radio überlassen konnten.[9]

Das Mädchen trug eine samtblaue Cordhose und ein orangefarbenes Twinset, der Junge eine hellbraun gestreifte Hose mit Schlag und einen karierten Pullunder aus Poly-amid. Man traf sich zum Überspielen der neuesten Platte der Beatles, weil der Junge einen Plattenspieler von Dual besaß, das Mädchen aber nur ein Tonbandgerät, immer-

hin von Grundig. Der Junge sagte, dass er am liebsten
»Nowhere Man« und »Norwegian Wood« und natürlich
»Michelle« habe, wozu das Mädchen jedoch schwieg.

In beiden deutschen Staaten haben die Boomer von Anfang an die zwiespältige Erfahrung gemacht, Hoffnungs-
träger eines gesellschaftlichen Neubeginns und zugleich
Betroffene einer bildungspolitischen Notlage zu sein. Für
sie wurde die »reformierte Oberstufe« eingerichtet, sie haben in »Kurzschuljahren« Bildungszeit gespart, aber dafür
mussten sie sich dann an einer Massenuniversität in Ein-
führungsseminaren mit 150 Leuten und in Sprechstunden
mit Arbeitsgruppen von sechs oder acht Kommilitoninnen
durchschlagen. Das Andere der Zahlenmacht der Jungen
war die Ressourcenknappheit der für sie vorgesehenen Ein-
richtungen. Man wurde gelockt (»Auf euren Schultern liegt
die Zukunft«) und kriegte einen auf den Deckel (»Leider
reicht es nicht für alle«). Sie waren einfach immer zu viele.
Aus dieser Erfahrung rührt eine gewisse Skepsis gegenüber
großen Erwartungen. Man verlässt sich besser auf sich
selbst als auf die anderen, die einen doch nur vor deren eigenen Wagen spannen wollen. Die Boomer trauen sich was
(weil sie den Pop in der Musik, in der Literatur oder als
Haltung inhaliert hatten), können schlauer lesen (weil sie
behaupten konnten, dass Peter Handke ihnen mehr sagt als
Theodor Storm) und schlauer reden (weil sie sich das kriti-
sche Vokabular der Achtundsechziger angeeignet hatten),
aber sie lassen sich nicht so leicht dazu verführen, mit einer

neuen Zeit zu ziehen.[10] Bewegungsformeln (»Aufbruch«, »Rückkehr« oder »Standhalten«) wirken auf sie verstaubt und mit Generationsausrufen (»Erfindet euch neu!«, »Ergreift eure Chancen!« oder »Nehmt euch, was euch zusteht!«) können sie nichts anfangen. Das ist die Sprache von Leuten, die ihre eigenen Probleme zu denen der anderen machen.

Sie starten in den 1960er Jahren als Kinder mit der Mitgift eines Wirtschaftswunders, das die deutsche »Orientierung am Unwirklichen« durch die bundesrepublikanische »Konzentration aufs Konkrete« ersetzte: Die ganze Familie klatscht vor den gebratenen Hähnchen vom »Hühner Hugo« in die Hände, zum Sommerurlaub an den Gardasee ist der VW Käfer pickepacke voll mit Menschen, Freizeitkleidung und Dosenwurst und der Kartoffelsalat wird, jedenfalls in der süddeutschen Variante, mit Fleischbrühe von Knorr zubereitet. »Kraft in den Teller – Knorr auf den Tisch«, empfiehlt Hans Tilkowski, hörbar aus Herne, der Torhüter beim Wembley-Tor am 30. Juli 1966, in der Fernsehwerbung in Schwarzweiß.[11]

Als Jugendliche erleben die Boomer in den 1970er Jahren eine Zeit mit autofreien Sonntagen, Smogalarm und »Sockelarbeitslosigkeit«. Das entscheidende Stichwort zur Lage der Dinge lautete »Grenzen des Wachstums« (Club of Rome). Anhand von unmissverständlichen Daten und Grafiken skizzierten Donella und Denis Meadows mit ihren Mitstreiterinnen in ihrem 1972 erschienenen Klassiker[12]

verschiedene Entwicklungsmöglichkeiten des von Industrialisierung, Bevölkerungswachstum, Unterernährung,
Ausbeutung von Rohstoffen und der Zerstörung von Le-
bensraum angetriebenen »Weltsystems« bis zum Jahr 2100,
die alle auf einen planetarischen Kollaps hinausliefen. Das
war keine apokalyptische Fantasie, sondern eine mit wis-
senschaftlichen Mitteln erstellte Prognose begrenzter Res-
sourcen auf einem übervölkerten Planeten. Die Erde war
durch den Menschen endlich geworden und es erhob sich
die leninistische Frage »Was tun?«. »Smog« hieß ein 1973
ausgestrahltes Dokuspiel nach einem Drehbuch von Wolfgang Menge, das eine Smogkatastrophe im Ruhrgebiet als
Erstickungsnotstand in Szene setzte. Die vielen Anrufe, die
den WDR noch während der Sendezeit erreichten, beleg-
ten, dass der ökologische Horror dem Publikum als eine
mögliche Realität erschien.

Aber nicht nur die äußere, sondern auch die innere
Natur schien den Menschen die Luft abzuschneiden. Der
Krebs wird als Metapher einer Krankheit entdeckt, die von
der Unfähigkeit der Erkrankten rührt, ihre Gefühle aus-
zusprechen und auszuleben, und wird damit als Ausdruck
einer weitverbreiteten expressiven Inkompetenz verstanden. War die Tuberkulose auf dem »Zauberberg« von Thomas Mann noch eine Krankheit der Melancholie, so war
der Krebs eine graue Krankheit für Menschen, denen weder eine erfüllende Liebesbeziehung noch eine persönliche
Entwicklung gelungen ist. »Mars« hieß der 1977 publizierte

autobiografische Bericht eines Lehrers aus der Schweiz, der sich Fritz Zorn nannte, in dem der Krebs als Resultat eines nicht gelebten Lebens dargestellt wurde.[13] Diese Abrechnung mit sich selbst war ein riesiger Erfolg. Susan Sontag bot ihre ganze intellektuelle Kraft auf, um dem zu widersprechen und den Krebskranken ihre Würde wiederzugeben.[14] Man muss nicht die Schuld bekennen, sein Leben verfehlt zu haben, man kann sich seiner Krankheit auch vermittels einer Operation oder Bestrahlung stellen. Die Diagnose Krebs ist eben kein durch innere Dispositionen herbeigeführtes Todesurteil. Das Aufkommen von Urschrei-Therapie als Weg der Heilung durch den Schmerz[15], von Gestalt-Therapie, die die Belebung eines Ichs verspricht, das nicht nur dazu auf der Welt ist, um den Erwartungen der anderen gerecht zu werden[16], und der Erfolg der Bhagwan-Sekte[17] bestätigten jedoch den ungeheuren Lebenshunger eines depressiven Jahrzehnts.

Die 1970er Jahre werden von der Zeitgeschichte des europäischen Westens als eine Periode des Strukturbruchs beschrieben[18], in der die Fortschrittslinien von Wohlstand, sozialer Sicherheit und politischer Integration nicht mehr einfach weitergezogen werden können. In Westdeutschland verzeichnen wichtige beschäftigungsintensive Branchen wie die Textil- und Bekleidungsindustrie oder die Werften Unternehmenspleiten, Werksschließungen und Massenentlassungen. Vor allem aber durchlebt die westeuropäische Stahlindustrie eine Rosskur. Von »Mama Hoesch«

bleibt nicht mehr viel übrig. Der Kumpel wird zum Veteranen einer vergangenen Zukunft. Nach 1966/67 kam es zum zweiten Mal in der Geschichte der Bundesrepublik zu einer massiven, für alle sicht- und fühlbaren wirtschaftlichen Rezession.

Außerdem kam es zu erheblichen Turbulenzen im internationalen Währungssystem, das seit dem Abkommen von Bretton Woods von 1944 auf den US-Dollar als Leitwährung ausgerichtet war. Aufgrund der hohen Militärausgaben für den Vietnamkrieg hatten sich die USA in den mit ihnen verbundenen Volkswirtschaften so sehr verschuldet, dass der Dollar immer mehr an Wert verlor. Insbesondere die Deutsche Mark war infolgedessen stark überbewertet, was Deutschland zu einem begehrten Zufluchtsort für Dollars machte. Es nützte nichts, dass die Bundesbank Schritt für Schritt die Zinsen senkte: Der Zustrom von spekulativem Kapital war nicht zu stoppen, was die Gefahr einer galoppierenden Inflation mit entsprechenden sozialen Verwerfungen heraufbeschwor. Der Ausstieg aus dem System fester Wechselkurse war die einzige Möglichkeit, ein größeres Desaster abzuwenden. Man stellte von Reformen auf Krisenmanagement um und auf Willy Brandt folgte Helmut Schmidt.

Aber trotz dieser ganzen Miseren lief der Tourismus, das Geschäft mit Möbeln, Autos und Unterhaltungselektronik auf Hochtouren. Dazu kam der Ausbau des Bildungssystems, des Kulturbereichs und die Errichtung von Museumsbauten, Großkliniken und Universitäten im brutalistischen Stil mit viel Beton und wenig Ornament. Eine Musik dieser Zeit ist der »Happy Sound« von James Last in der Endlosschleife des ewigen Weitermachens. Im Hintergrund brach die Basis der Industriemoderne zusammen, aber das änderte nichts an der Auffassung der Menschen, dass man nicht länger leben wollte, um zu arbeiten, sondern nur noch arbeiten wollte, um zu leben.[19] Daniel Bell verkündete 1973 den Aufbruch in die postindustrielle Gesellschaft[20] und arbeitete 1976 in einem zweiten Klassiker der 1970er Jahre die kulturellen Widersprüche eines Kapitalismus heraus, in dem eine Kultur der Disziplin durch Arbeit und Erwerb von einer Kultur der Verausgabung in Konsum und Freizeit überlagert wird.[21]

Die jugendlichen Boomer suchen also in den 1970er Jahren nach Orientierung in einer Welt, in der neben der Depression des Zuendegehens die Wünsche eines Ausbruchs aus dem »stahlharten Gehäuse« (Max Weber) eines industriellen Betriebskapitalismus stehen. An autofreien Sonntagen konnte man auf Autobahnen Rollschuh laufen und sich vorstellen, dass die Welt mit einem Mal in einen anderen Zustand versetzt werden kann. So gehen die Boomer als erste Generation ohne direkte Kriegserfahrung in der Aufholphase der Nachkriegsentwicklung in eine Zukunft ohne Gewähr.

DAS NICHT
ÜBERTRIEBENE
WIR

Anders als die Generation der Jugendbewegung der zehner oder die der Studentenbewegung der sechziger Jahre des 20. Jahrhunderts treten die Boomer nicht als Generation mit einem Anspruch oder einem Projekt an. Es gibt zwar viele Bewegungen unter den Boomern, aber nicht die eine definierende Bewegung, die auf eine Veränderung der gesamten Gesellschaft zielt. Das Programmatische einer Generation kann freilich auch das Prägende verdecken. Bei der Jugendbewegung, die eine einfache, gesunde und natürliche Lebensführung mit Ausdruckstanz und Freikörperkultur propagierte, ist es die Entstehung der Jugend als einer eigenen Lebensphase des Ausprobierens und Verirrens, die der Vorbereitung auf eine funktional differenzierte Gesellschaft, die nicht mehr nur nach Ständen und Klassen, sondern nach Berufspositionen und Rollenerwartungen gegliedert ist, dient.[22] Heute wird in sozialwissenschaftlichen Einführungskursen für alle möglichen Berufe die Lebensphase der Jugend als »psychosoziales Moratorium« (Erik H. Erikson) mit emotionalen Intellektualisierungen und bitteren Erfahrungen von Einsamkeit herausgestellt. Die durch die »Halbstarkenkrawalle« der späten 1950er Jahre vorbereitete Studentenbewegung erweist sich bei näherem Hinsehen als eine Bewegung von Kriegskindern[23], die aus dem »Kontrollloch« der ersten Nachkriegszeit[24] mit fehlenden, abwesenden oder schwachen Vätern und starken Müttern entstanden ist. Die Achtundsechziger haben ein bisschen gebraucht, bis sie begriffen haben, dass der Grund ihrer Rebellion weder in der Entfremdung einer bürgerlichen Gesellschaft noch in der Ausbeutung durch ein sich selbst verwertendes Kapital, sondern in einer Kindheit zwischen Ruinen lag. Generationen können sich über ihre Entstehungsgründe also auch selbst täuschen. Es führt jedenfalls keine direkte Linie von der Generation an sich zur Generation für sich.

Die bloße Gleichaltrigkeit schafft indes noch keinen Zusammenhang benachbarter Geburtsjahrgänge. Die Bildung einer Generation, so Karl Mannheim in seinem klassischen Aufsatz zum Thema[25], geht auf die Gleichartigkeit von sozialen, politischen und kulturellen Einwirkungen in Jahren starker Aufnahmebereitschaft bei Menschen ungefähr gleichen Alters zurück. Man fühlt sich einander verbunden, weil man an bestimmten Übergängen des Lebenslaufs mit ähnlichen Problemen zu kämpfen hatte, ähnliche Glücksfälle erlebt hat und ähnlichen Spannungen ausgesetzt war. Darin gleicht die Generationslage der Klassenlage. Bei der Klasse, in die man hineingeboren wird, prägt die Vorhersehbarkeit des Lebenslaufs, bei der Generation, der man durch das Datum der Geburt angehört, die Unvorhersehbarkeit des Lebenslaufs die gemeinsame Erfahrung. Seiner Klasse kann man mit Energie und Geschick vielleicht entkommen, seiner Generation nicht.

Die europäische Sozialgeschichte des 20. Jahrhunderts ist davon geprägt, dass geschichtliche Großereignisse wie Kriege, Flucht und Vertreibung, Inflationen, Systemkollapse, Spekulationsblasen und Naturkatastrophen die Klassenstrukturen ein ums andere Mal durcheinandergewirbelt haben. Natürlich ist das Elternhaus nach wie vor bestimmend für den Lebenslauf eines Individuums. Aber wie die Einzelnen mit dem elterlichen Paket der Privilegien und Belastungen umgehen und was sie für sich daraus machen, hängt von den zeitbedingten Umständen in der Schule, auf den Heiratsmärkten, im Beschäftigungssystem, in der medizinischen Versorgung und in der Rentenversicherung ab. Zu einer Generation werden bestimmte Geburtsjahrgänge durch eine geteilte Geschichte. Man versteht sich aufgrund einer generationsspezifischen »Erlebnisschichtung«[26], die sich an der Musik, an Filmen, an den Idolen und an den Alltagsmythen der jeweiligen Zeit festmacht. So entsteht aus ganz persönlichen und privaten Erlebnissen ein kollektiver Rahmen und der Generationenbezug entwickelt sich zu einem Bestandteil des persönlichen Selbstverständnisses.

Die Boomer haben in ihrer Kindheit und Jugend den Bedeutungsverlust klassenbedingter Privilegien erlebt. »Mehr Demokratie wagen« hieß auch »Mehr Gleichheit wagen«.

Das zeigt sich am Bildungsgang der Jahrgänge um 1960. Ralf Dahrendorfs Buch »Bildung ist Bürgerrecht« von 1965[27] war auf die heranwachsenden Boomer gemünzt. Jede Person habe Dahrendorf zufolge das Recht auf eine solide Grundausbildung, die es ihr ermöglicht, von ihren staatsbürgerlichen Rechten und Pflichten wirksamen Gebrauch zu machen. Dahrendorf ging es wohlgemerkt nicht um die Verwendungsfähigkeit für die Wirtschaft, sondern um die Fähigkeit, an einer Gesellschaft selbstbewusster Bürgerinnen und Bürger mitzuwirken. Außerdem stehe jeder Person eine weiterführende Ausbildung zu: Die Talente der Gesellschaft sollten nicht durch feine Unterschiede des Ausschlusses aus den Bildungsinstitutionen vergeudet werden, Chancengleichheit dürfe keine Illusion bleiben[28], schließlich sei es die Pflicht des Staates, dafür Sorge zu tragen, dass vom Recht auf Bildung auch jene Gebrauch machen könnten, für die das Abitur bisher nicht vorgesehen war.

Die westdeutschen Boomer mussten zwar noch Zulassungsprüfungen, etwa für das Gymnasium, über sich ergehen lassen und viele von ihnen können sich noch an die Erleichterung der Mutter erinnern, als sie es geschafft hatten, aber insgesamt fiel ihre Schulzeit in eine Zeit der Öffnung des Bildungssystems. Zwar erreichten nicht wie heute mehr als die Hälfte eines Jahrgangs Abitur, aber ganz viele Boomer waren die Ersten aus ihrer Familie, die ein Gymnasium besuchten und danach studierten.

Für den Generationszusammenhang der Boomer ist der

Aufstieg durch Bildung eine gemeinsame Erfahrung. Man kannte in der Schulklasse viele, denen es ähnlich erging: bei denen daheim keine Klassikerausgaben standen und die keinen Vater mit einer Arztpraxis und keine Mutter mit einem Karmann Ghia hatten. Gerade die von Hause aus nicht Privilegierten sollten nach dem Willen aller politischen Kräfte die »deutsche Bildungskatastrophe«[29] aufhalten und überwinden.

Das war im Prinzip in der DDR nicht anders. Die Boomer-Ost bilden die letzte Generation mit einem Schulabschluss, einer Berufsausbildung und zum großen Teil noch mit einem Studienabschluss aus Zeiten der DDR. »Auferstanden aus Ruinen und der Zukunft zugewandt«, sollten unter dem Vorzeichen der sozialistischen Aufbaugemeinschaft die Bildungsreserven der Jugend gehoben und gepflegt werden. Es gab Arztfamilien, die den Verlockungen des Westens widerstanden hatten, obwohl für sie in der DDR keine Reichtümer zu verdienen waren, und bildungsbürgerliche Kreise, wo man sich mit Franz Fühmann und Peter Hacks auskannte. Aber die Kinder dieser Familien konnten nicht mit Vorteilen bei ihrer Schullaufbahn rechnen. Die sozialistische Dienstklasse hatte die Partei im Rücken und konnte ihren Nachwuchs in der Schule und auf den Universitäten oft sogar besser unterbringen als Akademikerfamilien ohne Parteibindung. Bürgerlichkeit musste sich im »Staatsvolk der kleinen Leute« (Günter Gaus als Stimme aus dem Westen) bzw. in der »Kleine-Leute-Gesellschaft« (Dietrich Mühlberg als Stimme aus dem Osten) als Parteilichkeit tarnen. Das häusliche Gespräch über einen neuen Roman konnte man für sich wie für andere als notwendigen Disput über den Klassenstandpunkt guter Literatur führen. So entstand ein DDR-typischer Habitus der Gebildetheit im Dienste des Volkes, der sich mit dem Überheblichen allerdings auch das Wilde austrieb. Die von vielen in der Spätzeit der DDR beklagte Vertreibung der proletarischen Kneipen- durch eine kultivierte Café-Kultur in Prenzlauer Berg, Friedrichshain und Lichtenberg ist ein Beleg für den sozialistischen Klassizismus, der sich unter dem Mantel der Partei ausgebreitet hatte. Die Boomerjahrgänge-Ost kennen daher andere Arten von feinen Unterschieden im gemeinsamen bildungsmäßigen Vorankommen. Im Westen wurde fehlende Chancengleichheit als Ausdruck einer statischen, im Osten als Ausdruck einer uniformen Gesellschaft wahrgenommen. Im Übergang von der Bildungsgesellschaft-Ost zur Konsumgesellschaft-Ost[30] wurden im Spätsozialismus für die Lebensführung zudem andere Meriten wichtiger als eine erfolgreiche Bildungslaufbahn. Trinkgeldberufe mit Westkontakt, Handwerker mit Spezialgeschick und Transportarbeiterinnen mit Sonderladeflächen hatten einen leichteren Zugang zu begehrten Konsumgütern aus dem Westen, für die man vor allem Westgeld brauchte. Die Boomer aus Familien proletarischer Bildungsaufsteiger, die in den frühen Jahren der DDR in die Elite des Staatssozialismus[31] aufgestiegen waren, sehen das naturgemäß heute anders als die Abkömmlinge aus den bildungsbürgerlichen Refugien, die erst mit der Wende nach vorn gekommen sind. Aufs Ganze gesehen ist freilich, beginnend mit den Boomern in den Bildungsgängen der DDR, eine Blockierung von individuellen Talenten durch soziale Nivellierung nicht von der Hand zu weisen.[32]

Im Westen haben die akademisch ambitionierten Boomer aus nichtakademischen Elternhäusern besonders von der Einrichtung der Fachhochschulen profitiert. Dort konnte man, oft in Heimatnähe, mit einer fachgebundenen Hochschulreife einen akademischen Abschluss erreichen, die einem wiederum eine Anstellung bei einem Unternehmen in der Region sicherte, das mit der Fachhochschule zusammenarbeitete. Die Fachhochschulen gelten als einzigartige Innovation des westdeutschen Bildungssystems, die auch erklärt, warum Mitte der 1980er Jahre Kinder aus nichtakademischen Familien in der Bundesrepublik europaweit die besten Chancen hatten, einen akademischen Abschluss zu erreichen.[33] Die Boomer-West sind seinerzeit im sozial durchlässigsten Bildungssystem Europas vorangekommen.

Die eigentliche Bewährungsprobe stand ihnen bei der Stellensuche nach dem Ende von Ausbildung oder Studium bevor. Lehrlinge hatten es scheinbar leichter als Studierte, das Missverhältnis zwischen der Zahl der Absolventinnen und der freien Stellen wurde zumindest in der Öffentlichkeit für die akademischen Berufe stärker herausgestellt als für die Fachberufe in Wirtschaft und Verwaltung. Boomern mit einem sozial- oder geisteswissenschaftlichen Abschluss wurde eine Karriere als Taxifahrerin in Aussicht gestellt. Auf der Suche nach freien Stellen gab es Anpassungsbereite, Kompromisslose und Verzweifelte, weshalb die Berufsbiografien in der Generation der Vielen häufig von Umwegen, Unterbrechungen, Auszeiten, Abwegen und Sackgassen gekennzeichnet sind.[34]

Für Boomer sind irreguläre Episoden im Erwerbsleben in der Tat eine generationsspezifische Normalität. Das heißt nicht, dass eine Mehrheit solche Erfahrungen durchgemacht hätte. Aber die meisten von ihnen können sich vorstellen, dass es ihnen so ergangen sein könnte. Das Typische ist gerade nicht das Häufige, sondern das, was für die Mehrheit einer Gruppe von Bedeutung ist. An einem ganz anderen Beispiel aus der Popmusik lässt sich die Sache veranschaulichen: Es gibt garantiert viele Boomer, die weder Punk noch Madonna mögen, aber sie würden deshalb nicht bezweifeln, dass die Geräusche des Punks sowie die Clips von Madonna für die Boomer weltweit von Bedeutung sind. Man erkennt sich an diesen Zeichen untereinander, obwohl man sie möglicherweise für sich selbst ablehnt.

Eine Generation bestimmt sich durch bestimmte Prägungen, aber mit der fortschreitenden Lebenszeit ihrer Angehörigen wandelt sich die Generation von einer geprägten zu einer prägenden Strömung in der Zeit. Von Mitte fünfzig bis Mitte sechzig, wenn die Kinder auf eigenen Beinen stehen und die Partnerschaft sich als belastungsfähig erwiesen hat, erstreckt sich die Prominenzphase eines Lebenslaufs.[35] Man ist beruflich in der Position, dass einem niemand mehr etwas vormachen kann, man stellt im Kontakt mit Freunden, Kolleginnen, Bekannten und Verwandten eine halbwegs respektable Person mit einer bestimmten Lebenserfahrung dar, man kann als öffentliche Person einen gewissen Einfluss entfalten und eine gewisse Bedeutung beanspruchen. Um den sechzigsten Geburtstag herum wird einem dann klar, was man jetzt hinnehmen muss und was man noch bewirken kann.

Diese lebensgeschichtliche Zwischenbilanz fällt für Boomer in Ost und West bestimmt sehr unterschiedlich aus. Für die Boomer-Ost erhebt sich die Frage, ob sie wie Angela Merkel oder Maybrit Illner oder Jan Josef Liefers die Wende für sich nutzen konnten oder ob sie wie viele Namenlose die Gelegenheit dazu verpasst haben. Das verlief unabhängig von ihrer Involvierung in das System der DDR, weil die Karten zwischen 1990 und 1993 noch mal neu gemischt wurden. Es finden sich Belastete, die in der Wirtschaft, Unbelastete, die in der Politik ihren Weg gemacht haben, und die Masse der Unbehelligten, die aufgestiegen, rausgefallen oder auf der Stelle getreten sind. Im Hinblick auf den Generationszusammenhang lautet die Frage, ob die Boomer-Ost sich als eine besondere ostdeutsche Generation mit einem eigenen Profil von Möglichkeiten und Belastungen begreifen oder ob sich im Ausgang vom Durcheinander der Wende die Biografien so auseinandergelebt haben, dass die Kollektivbiografie nur noch in nostalgischer Referenz aufrufbar ist. Viele Boomer aus dem Osten sind in der Tat der Auffassung, dass es sich bei den Boomern um ein westliches Phänomen handelt. Sie erkennen sich im Sommer auf Hiddensee oder auf Kreta oder auf der Fahrradtour entlang der Elbe oder der Donau trotz der gleichen praktischen Rucksäcke und des gleichen funktionalen Schuhwerks im Unterschied, aber nicht in der Einheit.

Für die Boomer-West hingegen steht die Frage nach der Vollendung einer inneren Tendenz im Vordergrund. Als Sechzigjährige suchen sie nach dem spezifischen Erfahrungsgrund, den sie in den Verhandlungen über unsere gemeinsame Vergangenheit und unsere gemeinsame Zukunft einbringen könnten. Gelingt es den Angehörigen dieser Generation, sich in ihren jeweiligen Positionen als führend im Verhältnis der Generationen zwischen den abgetretenen Kriegskindern von 1968 und den abwartenden Millennials zu etablieren, oder müssen sie sich mit der Rolle einer folgenlosen Zwischengeneration zufriedengeben? Nicht die Auflösung, sondern die Markierung der Kollektivgestalt ist hier das Thema. Die Boomer pflegen kein übertriebenes Wir-Gefühl, aber mit dem Wechsel in den Ruhestand stellt sich doch die Frage, ob man mit den Gleichaltrigen überhaupt ein spezifisches Wir-Bewusstsein teilt und im Verhältnis zu den anderen Generationen kenntlich machen kann.

DIE GENERATION
IN DER MITTE

Das sozialdemografische Profil der heute Mitt-/Endfünf-
ziger bis Mitt-/Endsechziger belegt, wie sich die Boomer in
der Mitte der bundesrepublikanischen Gesellschaft breit-
gemacht haben. Die Hälfte verfügt über eine Berufsausbildung, fast ein Drittel hat ein Studium abgeschlossen. Inte-
ressant sind die 14 Prozent, die durch Nachlernen, Dazuler-
nen und Weiterlernen zu einem akademischen Abschluss
gekommen sind. Lediglich fünf Prozent sind ohne Berufsausbildung geblieben. Wieder zum Vergleich: Der Anteil
von jungen Ausbildungslosen liegt in Deutschland seit zehn
Jahren bei 15 Prozent der Jahrgänge. Auffällig ist aus heuti-
ger Sicht, dass die biodeutschen Babyboomer bei ihren Bil-
dungsanstrengungen weitgehend unter sich geblieben sind,
nur acht Prozent haben eine Zuwanderungsgeschichte. Dafür trafen sie beim Spielen auf dem Feuerwehrplatz einen
Bernd Joneleit, einen Wolfgang Beischroth und eine Jutta
Jantschuk, von deren Eltern es hieß, dass sie aus Masuren,
Siebenbürgen oder aus dem Banat stammen würden. Westen und Osten zusammengerechnet, kamen 11 bis 18 Millionen Menschen auf der Flucht vor der Roten Armee oder
als Umsiedler entsprechend den Statuten des Potsdamer

Abkommens nach Deutschland, wodurch in der ersten Nachkriegszeit die Bevölkerungsdichte in der Bundesrepublik wie in der DDR erheblich gestiegen ist. In einem solchen Gedränge sind Geschmeidigkeit und Standfestigkeit keine Gegensätze. Man muss nur selbst die Stelle finden, von der aus man ins Freie gelangen kann.

In jungen Jahren konnten sich die westdeutschen Boomer, vor allem die Frauen unter ihnen, deutlich besser qualifizieren und höhere Bildungsabschlüsse erlangen als ihre Eltern.[36] Frauen waren allerdings seltener erwerbstätig – und wenn, dann oft nur in Teilzeit – als die Männer im Alleinverdienermodell. Die Mehrheit der Boomer kann auf einen stetig steigenden Lebensstandard zurückblicken, viele konnten Vermögen bilden, das durch eine Erbschaft aufgestockt wurde.

Für die Boomer-Ost gilt das nicht. Zwar waren Männer und Frauen in der Regel gleichermaßen in Vollzeit berufstätig, aber die Erwartung eines kontinuierlichen Statuserwerbs wurde durch die Implosion der DDR zunichtegemacht. Infolge der Deindustrialisierung Ostdeutschlands und mit dem Umbau des Ausbildungs- und Hochschulwesens sah sich ein großer Teil der Boomer-Ost zwischen zwanzig und dreißig Jahren gezwungen, das Leben neu zu planen. Das betraf die Ausbildung, den Beruf, die Wahl des Lebensmittelpunktes, manchmal die Partnerschaft, oft genug die gesamte Lebensauffassung. Dabei zeigt sich eine Spaltung zwischen weiblichen und männlichen Boomern aus dem Osten. Die Frauen haben den Umbruch der Wende besser für sich nutzen können als die Männer. Zwischen 2000 und 2009 sind, bezogen auf die Klassenposition des Vaters, mehr soziale Aufstiege bei den Frauen als bei den Männern zu verzeichnen. Auch auf der gleichen Hierarchieebene haben die Frauen aus Ostdeutschland durch Orts- und Tätigkeitswechsel schneller eine besser bezahlte und höher angesehene Stelle gefunden als die gleichaltrigen Männer. Das ist vielleicht dann nicht mehr so verwunderlich, wenn man sich vor Augen führt, dass die DDR, gemessen an der weiblichen Erwerbsbeteiligung, an der Quote von Frauen in Führungspositionen und an der staatlich organisierten Kinderversorgung, als »die weiblichste Gesellschaft« Europas angesehen wurde.[37] Das Rollenmodell der Frauen war augenscheinlich den Herausforderungen der Wende besser gewachsen als das der Männer.

Bis heute sind die Boomer-Ost im Schnitt jedoch finanziell schlechter gestellt als die Boomer-West. Das zeigt sich etwa an der Spanne des durchschnittlichen Nettovermögens: 2017 kamen die Boomer im Westen auf höchstens 170 000 Euro, die im Osten auf höchstens 100 000 Euro. Die Eltern der Boomer hatten in der DDR zum großen Teil zwar erhebliche Ersparnisse auf dem Konto, die wurden aber durch die Währungsumstellung halbiert und das Meiste davon für Konsumgüter kurzlebiger und langlebiger Art verausgabt. Das liefert Stoff für innerdeutsche Neiddebatten. Die Vermögensfrage ist für die Selbstbewertung der

Menschen deshalb so wichtig, weil Familien oder familienähnliche Lebensgemeinschaften ihren Nachkommen etwas vererben wollen. Das kann Geld sein, vor allem beim Erwerb einer Immobilie denkt man an die eigenen Kinder. Aber auch die Bildungsabschlüsse der Kinder werden als Teil des immateriellen Erbes einer Familie angesehen. Dafür haben sich Eltern, seitdem die Chance dazu in einem öffentlichen Bildungssystem existierte, schon immer krummgelegt.

Beim Niveau der gesetzlichen Renten haben sich Ost und West inzwischen weitgehend angenähert – bis auf den bemerkenswerten Punkt, dass westdeutsche Frauen aufgrund der geringeren Erwerbsbeteiligung weniger als die ostdeutschen erhalten.

Das heutige gesetzliche Rentenniveau von 48 Prozent bleibt nach Lage der Dinge bis 2025 erhalten. Man erinnere sich: Im Jahre 2000 belief es sich noch auf rund 53 Prozent und fiel 2010 auf 51,3 Prozent. Wie es weitergeht, hängt im Prinzip vom dann bestehenden Verhältnis zwischen Rentnerinnen und Beitragszahlerinnen ab. Ein Nachhaltigkeitsfaktor sorgt für die mögliche weitere Absenkung der Versorgungshöhe, es sei denn, der Bund bezuschusst das System aus Steuermitteln mit zusätzlichen Sonderzahlungen. Rechtfertigen könnte man das mit dem im Umlageverfahren angelegten Solidarpakt der Millennials mit den Boomern. Wie die jetzt Vierzigjährigen das dann sehen, bleibt, wie man so schön sagt, abzuwarten.

Man kann sonst noch festhalten, dass heute 70 Prozent der Boomer verheiratet sind und zusammenleben, zwölf Prozent geschieden und ebenfalls zwölf Prozent ledig sowie drei Prozent verwitwet sind und zwei Prozent, obwohl sie verheiratet sind, getrennt leben. Diese Generation weist also aufs Ganze gesehen eine ziemlich stabile heteronormative Aufstellung auf.

Die typische Boomer-Familie ist eine Kleinfamilie mit zwei Kindern (38,8 Prozent). Aber damit endet in der Regel nicht ihre Familienerfahrung. Weil sie deutlich gesünder sind und deshalb deutlich älter werden als ihre Vorgängergenerationen, werden sie oft wie von selbst in den aktiven Großelterneinsatz kommen und damit in großfamiliale Strukturen des »Living-Apart-Together« eintreten. Im Rentenalter praktizieren die Boomer Alternativen zur Kleinfamilie und erzählen ihren Enkeln, wie es gekommen ist, wie es jetzt so ist. Die Geschichte, die große der Gesellschaft wie die kleine der Familie, wird bekanntlich nicht zwischen Eltern und Kindern, sondern zwischen Großeltern und Enkeln weitererzählt. Den Eltern fehlt dafür die Ruhe und die Großeltern müssen im Idealfall nicht mehr Recht behalten. Die Boomer haben es also in der Hand, wie die Bundesrepublik nach 1989 Teil der deutschen Geschichte wird und welche Traditionen der normalisierten Nation daraus erwachsen.

Die Mehrheit der Boomer lebt in kreisfreien Städten und urbanen Räumen, obwohl, das muss man hinzufügen, ihr prozentualer Anteil an der Bevölkerung besonders hoch in ländlichen und strukturschwachen Räumen ist, wo generell der Anteil der Älteren höher ist. Die Wohnsituation lässt kaum zu wünschen übrig: Boomer wohnen mehrheitlich im schuldenfreien Eigentum, oft mit viel Platz und entsprechend großer Zufriedenheit. Als weltoffene und reisefreudige Turnschuhrentner ziehen sie naturgemäß den Neid von jüngeren Generationen auf sich, nicht nur, weil sie trotz eines relativ komfortablen Alterseinkommens noch diese und jene Vergünstigungen beim Museumsbesuch oder bei der BahnCard für Senioren mitnehmen, sondern einfach weil die Jungen noch vor sich, was die Alten längst hinter sich gelassen haben.

KULENKAMPFF,
WILLY BRANDT
UND DIE RAF

Mit der Generation der Boomer verbindet sich auch ein bestimmtes Vergesellschaftungserlebnis der Bundesrepublik. Boomer, vermutlich in West und Ost, sind mit Namen wie Peter Frankenfeld, Wim Thoelke, Vivi Bach und Dietmar Schönherr, Hans Rosenthal oder sogar noch mit Lou van Burg, dem Mr. Wunnebar vom »Goldenen Schuss«, vertraut. Diese Namen sind die Erinnerungshaken für Familienerlebnisse vor den Fernsehgeräten. Der Straßenfeger für das »Lagerfeuer« am Samstagabend für die ganze Familie war Hans-Joachim Kulenkampff. Der erreichte bei seiner letzten Sendung von »Einer wird gewinnen« (ungegendert!) nach 82 Ausgaben in 23 Jahren am 21. November 1987 eine Einschaltquote von 90 Prozent mit 25 Millionen Zuschauerinnen und Zuschauern. Hier feierte sich eine Gesellschaft »jenseits von Stand und Klasse« (wie Ulrich Beck das 1984 formulierte[38]) in einer Quizshow mit Bildungsanspruch im postnationalen Ambiente. Die Kandidatinnen kamen aus acht europäischen Ländern. Dass Willy Berking, der mit dem Tanzorchester des Hessischen Rundfunks Kulenkampffs Show bis 1972 begleitete, in den 1940er

Jahren einen deutschen Big-Band-Sound kreiert hatte und dass der Produzent des Fernsehabends Martin Jente, der als »kultiger« Butler »Herr Martin« dem Showmaster am Ende des Abends in den Mantel half, als SS-Hauptscharführer und Adjutant im Führerhauptquartier tätig war, wurde unter den Teppich gekehrt. Auch die Tatsache, dass Kulenkampff (Jahrgang 1921) sich als Soldat an der Ostfront eigenhändig vier abgefrorene Zehen mit dem Taschenmesser amputiert hatte, blieb hinter den Kulissen verborgen. Das kann man sich heute nicht mehr vorstellen.

Das politische Pendant zu dieser Unterhaltungsshow war für die heranwachsenden Boomer die »Willy-Wahl« von 1972 mit einer Wahlbeteiligung von 91,1 Prozent, die bis heute als das große Wahlereignis in der Geschichte der Bundesrepublik gilt und der SPD mit 45,8 Prozent der Stimmen den größten Wahlsieg ihrer Geschichte gebracht hat. »Unsere Hoffnung war Brandt, nicht Ulbricht oder Honecker«, erinnerte sich Wolfgang Thierse als Bundestagspräsident ein halbes Jahrhundert später an dieses mirakulöse Jahr, in dem er gerade in Ostberlin sein Studium abgeschlossen hatte. Man könnte nach Walter-Kempowski-Art unter den Boomer-Jahrgängen fragen: »Haben Sie Willy Brandt gesehen?« Auf dem Marktplatz von Öhringen, in der Stadthalle von Wuppertal, auf dem Domfreihof von Trier jedenfalls konnten die Teens dieser Zeit Willy Brandt bei seiner Kampagne »Willy wählen« live erleben. Das Staatsvolk trat als Wahlvolk in Erscheinung. Es hielt sich nicht ängstlich im Hintergrund, es beschränkte sich nicht auf die Abgabe seiner Stimme, es bewies vielmehr in öffentlichen Versammlungen seine konstituierende Macht. Schließlich geht in der Demokratie alle Gewalt vom Volke aus. Dass sich dafür Menschen begeisterten, kann man sich heute erst recht nicht mehr vorstellen.

Zum Grundgefühl aus der Jugend der Boomer-West gehören diese beiden Erfahrungen: die Einbeziehung in ein »kommunikatives Beschweigen« (Hermann Lübbe) im Dienste eines unbeschwerten Gemeinschaftserlebnisses und die Gewöhnung an die »ausgebliebene Katastrophe« (Hans-Peter Schwarz) im Gefolge eines legalen Machtwechsels.

Lübbe erfasste eine Nachkriegsgesellschaft des beredten Schweigens, in der man ziemlich genau voneinander wusste, wer an welcher Stelle ein Rad im Getriebe der Barbarei war, aber man hielt sich durchs Stillschweigen darüber wechselseitig in Schach. Schwarz wiederum widersprach der Vorstellung einer kollektiven Amnesie im »Wir sind wieder wer!«-Gefühl, nachdem 1954 die Fußballweltmeisterschaft gewonnen war. In der Erfahrung des wundergleichen Wiederaufstiegs war vielmehr die Erwartung einer neuerlichen Katastrophe verborgen. Der Koreakrieg von 1950 bis 1953 und die Kuba-Krise im Oktober 1962 bewiesen, wie gefährlich die Weltlage war.

Die Boomer spürten schon als Kinder, dass es im alltäglichen Umgang mit Nachbarn und Bekannten eine Vorder-

und eine Hinterbühne gab. Die Tante, die zu Besuch kam, deutete, während die Mutter in der Küche den Kaffee aufgoss, mit dem Kopf auf die andere Straßenseite und teilte einem mit gedämpfter Stimme mit, dass der Nachbar von da drüben ein strammer Nazi gewesen sei. Und der Vater machte sich über die Koreakiste des Onkels lustig, was ihm aber einen strengen Blick der Mutter einbrachte. So lernte man von Kindesbeinen an, was ein offenes Geheimnis und dass die Sicherheit nicht sicher ist.

Die beiden Aufsätze von Hermann Lübbe aus dem Jahr 1983 und von Hans-Peter Schwarz aus dem Jahr 1990 stammen aus der Zeit der Kanzlerschaft von Helmut Kohl, der die Ostpolitik von Willy Brandt ratifizierte und das Krisenmanagement von Helmut Schmidt ablöste. Es ging um die Entfaltung einer neuen wirtschaftlichen Dynamik auf dem Boden einer sozialmoralisch konsolidierten Gesellschaft. Der christdemokratische Kanzler Kohl machte der westdeutschen Gesellschaft das Angebot, sich nach hinten der Unwahrscheinlichkeit des Neubeginns nach 1945 zu vergewissern und nach vorne wieder die Leistungsfähigkeit der Einzelnen freizusetzen. Als Mann aus der Provinz verkörperte Kohl die Unfähigkeit zu resignieren und als Wahlverwandter von Ronald Reagan und Margaret Thatcher den Willen, das sozialdemokratische Zeitalter aus Globalsteuerung, Staatsunternehmertum und Sozialpaternalismus hinter sich zu lassen.

Für die meisten Jungmenschen, wenn sie nicht gerade

beim RCDS (Ring Christlich-Demokratischer Studenten) oder bei der »Jungen Union« rumhingen, war Kohl die »Birne«, aber die Wende zu einer »Gesellschaft der Individuen« (Norbert Elias) mit der Öffnung der Tore fürs Privatfernsehen, fürs Investmentbanking und fürs Garagenunternehmertum leuchtete ihnen trotz dieses staatsästhetischen Ungeschicks an der Spitze des Landes ein.

Die Aufsätze übers »kommunikative Beschweigen« und die »ausgebliebene Katastrophe«, deren Autoren sich als Repräsentanten einer »Tendenzwende« darstellten, wurden seinerzeit scharf kritisiert: Hermann Lübbes Abhandlung[39], weil der Autor mit seiner zweifellos triftigen Beschreibung eine These über den integrativen Sinn des Beschweigens verband, und der Essay von Hans-Peter Schwarz[40], weil man darin ein Ablenkung von der inneren Gefährdetheit der westdeutschen Demokratie erkannte. Doch sie passten zur Weltwahrnehmung der Boomer, die die »diffuse Legitimität« der Bundesrepublik nicht in Bausch und Bogen in Frage stellen wollten, aber eine ontologische Labilität an den Bruchstellen und Abbrüchen des Alltagslebens spürten. Für die Boomer war das Ganze keine Lüge und kein Betrug, sondern das Ergebnis eines mühsamen, instabilen und trügerischen Zusammenhaltens. Womöglich musste man dazu sogar die Kritik kritisieren, um eine andere Haltung zu den gesellschaftlichen Verhältnissen gewinnen zu können. »Die Kritik«, so hieß es schon damals in kleinen schlechtgeleimten Büchern, »ist eine wesentliche Dimension der Repräsentation: sie ist in der Ordnung des Theatralischen das, was sich ›raushält‹. Das Äußere, das man fortwährend in Beziehung zur Innerlichkeit setzt, das heißt die Peripherie im Verhältnis zum Zentrum.«[41] Die Repräsentanten der Kritik müssen sich daher selbst widersprechen, weil sie das Ganze nur von außen als ein Ganzes erkennen, aber nie von innen verändern können.

Hier liegt womöglich der Grund für die unmissverständliche Abgrenzung der weltbejahenden Boomer-Generation von der weltverneinenden 68er-Generation. Schon in der Schule haben sie den cordbehosten und kurzberockten Referendarinnen nicht geglaubt, sondern sie beobachtet. Die wollten einen über das Abc des großen Geldes aufklären und was man sich in Bonn dafür kaufen konnte, die freuten sich, wenn man ihnen was über die »geheimen Verführer« in der Werbung (Vance Packard) erzählte, und die konnten gar nicht aufhören, einem die Alternativen zur Kleinfamilie vor Augen zu führen. Dabei konnten sie nicht so elegant rauchen wie die Nazi-Lehrerinnen und schon gar nicht so cool wie Charles Aznavour bei einer Zigarette danach.

Die Boomer haben die Achtundsechziger auf deren »Marsch durch die Institutionen« verfolgt und festgestellt, dass die Rebellen von Frankfurt am Main, Berlin, Marburg, Hildesheim oder Ottobrunn Ruinenkinder waren, die mit der doppelten Einsicht in die Unhaltbarkeit, aber eben auch in die Unüberwindbarkeit der Zustände geschla-

gen waren. Wer als die ersten halbbewussten Wahrneh-
mungen »Trümmer, zerrissene Häuser, Betonbrocken,
Brandphosphorbomben und blaue Narben am Körper eines Spielkameraden«[42] mit sich schleppt, kann keiner Welt
so einfach vertrauen und erst recht keiner, die so tut, als
wäre nichts gewesen.

Die formative Periode der Boomer als Generation sind
nicht die 1960er, sondern die 1980er Jahre. Das zeigt sich
vor allem an jenen Boomern, die an die Universitäten gin-
gen. Wer Mitte der 1970er Jahre sein Studium begann, stieß
unvermeidlich auf die Tapetentische der Parteiaufbauorganisationen wie den KSV (Kommunistische Studentenverei-
nigung), den KBW (Kommunistischer Bund Westdeutschland) bzw. die KPD/AO (Kommunistische Partei/Aufbau-
organisation, das war die Semler/Horlemann-Truppe, die
in Westberlin führend war) oder den KABD (nicht die Katholische Arbeiterbewegung, sondern der Kommunistische
Arbeiterbund Deutschlands, der in Tübingen und im Süd-
westen die K-Gruppen dominierte), nicht zu vergessen der
MSB Spartakus (der Marxistische Studentenbund Spartakus, das war der Studentenverband der DKP) und sein An-
hängsel, der SHB (Sozialistischer Hochschulbund), die zusammen Marburg und Gießen in der Hand hatten, sowie
natürlich die GIM (die Gruppe Internationaler Marxisten,
die deutsche Sektion der Vierten, sich auf Trotzki berufen-
den Internationale), die einen alle für den Klassenkampf
gewinnen wollten. Da stand man nun mit 17 oder 18 Jah-

ren, hatte vielleicht »Lohn, Preis, Profit« (ein Vortragsma-
nuskript von Karl Marx aus dem Jahre 1865, das dessen
Tochter Eleanor veröffentlicht hatte) oder den »Idioten«
von Dostojewski gelesen und sollte sich zwischen Maois-
ten, gewerkschaftlich Orientierten, die GO-Politik nach
SED-Vorbild propagierten, Spontis aus Frankfurt oder
Hannover oder Trotzkisten entscheiden.

Man darf allerdings im Hinblick auf die Politisierung
der Boomer nicht den Deutschen Herbst von 1977 vergessen, als die Studentenbewegung in der Bundesrepublik im
Terror von links und mit den Toten von Stammheim endete.

Die Serie der Toten begann mit Holger Meins am 9. November 1974 in der JVA (Justizvollzugsanstalt) Wittlich,
der sich zu Tode hungerte, sie setzte sich fort mit Ulrike
Meinhof, die sich am 9. Mai 1976 das Leben nahm, und
endete schließlich am 18. Oktober 1977 mit den Suiziden
von Andreas Baader, Gudrun Ensslin, Jan-Carl Raspe in
Stammheim; Irmgard Möller war die einzige Überlebende
dieser Todesnacht. Ein verwischtes Bild dieser Geschichte
hat Gerhard Richter in seinem ikonisch gewordenen »Zy-
klus 18. Oktober 1977« von 1988 festgehalten, der übrigens
die Werkphase seiner Abmalungen von Momenten deutscher Geschichte abgeschlossen hat.

Im Vorfeld des IX. Parteitags der SED im Jahre 1976
wurden von der »Zentralen Auswertungs- und Informati-
onsgruppe« (ZAIG) des Ministeriums für Staatssicherheit

in »Hinweisen zur Reaktion der Bevölkerung«[43] dem Polit-büro widersprüchliche Mitteilungen gemacht. Auf der einen Seite wurde vom »großen Interesse« am Entwurf des neuen Parteiprogramms und von der »tiefen Befriedigung« unter den Werktätigen über den Kurs der Partei berichtet. Auf der anderen jedoch von Erwartungen wie der Einführung der 40-Stunden-Woche, höheren Löhnen, besseren Angeboten, früheren Renten und mehr Urlaub. Es wurde von gehässigen Äußerungen in individuellen Gesprächen und im kleinen Kreis über die Entfremdung von der Partei berichtet: »Oben weiß man nicht, was unten los ist.« Besonders unter den Arbeitern wurde eine Tendenz zunehmender Unzufriedenheit konstatiert. Es werden teilweise skeptische, resignierende, pessimistische und negative Meinungen bis hin zu aggressiven Argumenten deutlich. Zudem wachse der Unmut über den Plan, erschwinglichen Kaffee durch ein Mischgetränk aus 50 Prozent Röstkaffee und 50 Prozent Erbsen, Roggen, Gerste und Zuckerrübenschnitzel zu ersetzen. Dass dieser »Kaffee Mix« im Volksmund als »Erichs Krönung« – frei nach »Jacobs Krönung« – verspottet wurde, vermied man, dem Politbüro mitzuteilen.

Man wollte wie im Westen nicht nur schuften, sondern auch persönlich etwas davon haben. Die Politik der Partei musste mit einer antipolitischen Tendenz in der Bevölkerung rechnen, wonach die Wünsche nach sozialer Absicherung und individuellem Konsum wichtiger waren als der kollektive Einsatz für den Sozialismus. Ulbricht hatte versucht, die Zentralverwaltungswirtschaft mit ein bisschen mehr Markt aufzufrischen, und Honecker hatte den Umfang sozialer Leistungen für die persönliche Lebensführung erweitert, der Systemvergleich vor der Haustür endete jedoch schlagend. Im Westen leuchtete die Warenwelt. Der Bohrmaschine von Bosch, den Armaturen von Grohe und dem Golf von VW, geschweige denn der Milka-Schokolade oder dem Persil-Waschpulver, hatte das heimische Angebot nichts entgegenzusetzen. Die Legitimationsprobleme des Spätsozialismus waren im geschlossenen Handelsstaat nicht zu lösen. Die »entgrenzte Generation« der Boomer, deren Sinnhorizonte durch die globale Popmusik längst über die DDR hinausgingen, konnte man weder durch das Versprechen sozialer Sicherheit noch durch den Glauben an einen noch ausstehenden Sozialismus bei der Stange halten. Im Wechsel von den 1970er zu den 1980er Jahren mehrten sich bei den DDR-Twens Exit-Fantasien und Experimente der inneren Kündigung des antifaschistischen und antikapitalistischen Gesellschaftsvertrags. Wer sich für Punk interessierte, musste sich fragen, was es mit dem Aufdruck mit dem Roten Stern, der Maschinenpistole und dem Schriftzug RAF auf dem T-Shirt des Drummers der »Cash« auf sich hatte. Was für Zeichen wurden hier gesendet, welche Botschaft war darin enthalten?

Bereits im August 1970, im Gründungsjahr der RAF, kontaktierte Ulrike Meinhof nachweislich[44] einen Mitarbeiter des Ministeriums für Staatssicherheit, bevor sie mit Gesinnungsgenossinnen nach Jordanien in ein militärisches Ausbildungscamp der palästinensischen El Fatah aufbrach. Ob es dabei um eine Zusammenarbeit, um die Sicherung eines Rückzugsraums nach Aktionen im Westen oder um die Versorgung mit Waffen ging, ist unbekannt. Man teilte immerhin Ansichten über den Klassenfeind, erkannte in Israel den Vorposten des US-amerikanischen Imperialismus und konnte sich über die Bedeutung »antiimperialistischer Bewegungen« und »nationaler Befreiungsbewegungen« verständigen. Über die gesamten 1970er Jahre diente der RAF der Ostberliner Flughafen Schönefeld nach Anschlägen in Westberlin und im Bundesgebiet als Transitstation, allerdings nur so lange, wie die Gründungsgeneration der RAF agierte, und nur im äußersten Fall. Das änderte sich am Ende des Jahrzehnts der Depression, als es zwischen der RAF und der Stadtguerilla-Bewegung 2. Juni zu Gesprächen über eine Fusion kam und dann die zu beiden Gruppen gehörende Inge Viett von einem Offizier des MfS in Westberlin angesprochen worden war. Viett war eine effektive Organisatorin im Untergrund und sorgte in Zusammenarbeit mit ihrer Führungsperson nach den Toden von Stammheim, als viele Mitglieder der Bewegung am Boden zerstört und deshalb zu einem Risiko für die Leute im Untergrund geworden waren, dafür, dass sieben unsichere Kantonisten in die DDR eingebürgert wurden. Zwei Jahre später zog sie selbst in die DDR und wurde wie die anderen auch mit einem neuen Namen, einer neuen Biografie, einer Wohnung und einer Arbeitsstelle ausgestattet.

Das war selbstverständlich alles nicht bekannt. Einzelne Enttarnungen wegen der auch im Osten nicht unbekannten Fahndungsfotos zogen wie in einem Krimi aus dem Kalten Krieg neue Adressen und neue Biografien für die RAF-Aussteigerinnen nach sich. Das passte zur Doppelbödigkeit des Lebens in der DDR, das für die jungen Boomer, die einfach nur leben wollten, offenbar nur noch mit Tagträumen zwischendurch und mit Liedern zum Mitsingen zu ertragen war.

So ein Lied stammt von dem Boomer-Poeten-Ost Gerhard Gundermann (Jahrgang 1955) von 1988:

»Jeden Morgen steigt mein Völkchen in den Ring
Und dann schlägt es aufeinander ein
Doch mit dem Schlagen ist das ein besonderes Ding
Jeder will der Hammer, keiner will der Amboss sein
Das ist ein Scheißspiel
Du und ich, wir zwei, wir machen nicht mehr mit
  dabei
Das ist ein Scheißspiel
Und ab morgen bleiben unsere Startlöcher frei.«

DIE NACHGEHOLTE
VERSTÖRUNG

Aus den 1970er Jahren muss man noch ein massenmediales Publikumsereignis nennen, das die Boomer als Twens miterlebt haben: die Ausstrahlung der in den USA produzierten Fernsehserie »Holocaust – Die Geschichte der Familie Weiss« im Januar 1979 in vier Folgen in den dritten Programmen der ARD. Mit Meryl Streep, James Woods, Käte Jaenicke, die später auch in Volker Schlöndorffs Verfilmung der »Blechtrommel« zu sehen war, und Peter Vogel in seiner letzten Rolle fürs Fernsehen. Die Einschaltquote erreichte 40 Prozent – enorm für die Dritten Programme. Die Parallelgeschichte einer Opfer- und einer Täterfamilie machte nachvollziehbar, wie 40 Jahre zuvor aus wechselnder Aversion gegen Juden ein mörderischer Hass entstanden war. Der Kollektivcharakter des Makroverbrechens mit Tätern, Mittätern und Zuschauern wurde durch die Identifikation mit den Opfern anschaulich und fühlbar.

In Diskussionsrunden traten im Fernsehen Alexander Mitscherlich, Eugen Kogon und Hermann Langbein, ehemaliger KZ-Häftling und zusammen mit Fritz Bauer Initiator der Frankfurter Auschwitz-Prozesse, auf und personifizierten eine andere Beschäftigung mit der systematischen

Ermordung der europäischen Juden. Diese Sendungen warfen Fragen für die Boomer auf: Beruhte das Ungeschehenmachen im Wiederaufstieg auf der Unfähigkeit, über den Verlust des geliebten Führers zu trauern? Zeigte sich in der »Kontaktsperre« für die Häftlinge der RAF eine Wiederkehr des SS-Staats? Hatten die Auschwitz-Prozesse vom Anfang der 1960er Jahre bei den Eltern und Großeltern irgendetwas bewirkt?

Den Kinogängern unter den Boomern ist in bestimmten Filmen der 1980er Jahre ein merkwürdiger Widerschein des überwunden geglaubten Nazismus begegnet: Hans-Jürgen Syberbergs monumentales Filmwerk »Hitler – ein Film aus Deutschland« aus den Jahren 1977 bis 1980, Rainer Werner Fassbinders »Lili Marleen« von 1981, Liliana Cavanis »Der Nachtportier« mit Charlotte Rampling und Dirk Bogarde von 1974 oder Pier Paolo Pasolinis »Die 120 Tage von Sodom« nach dem gleichnamigen Buch des Marquis de Sade und Dantes »Göttlicher Komödie« von 1975.

Man wartete in einer langen Schlange vor einem Arthouse-Kino in Erwartung von sieben Stunden über Hitler mit den Stationen »Der Gral«, »Ein deutscher Traum«, »Das Ende eines Wintermärchens« und »Wir, Kinder der Hölle«. Syberbergs Film schuf eine Welt, in die man wie in eine endlose Geisterbahn eintauchen konnte. Nur waren die Figuren und Ereignisse mit dem Vernichtungskrieg der deutschen Wehrmacht in den Bloodlands (Timothy Snyder) Europas in Polen, in der Ukraine, in Weißrussland, im

Baltikum und im damaligen Ostpreußen und mit der Ermordung der europäischen Juden verbunden. Mit einer Mischung aus Beklemmung und Vergnügen verfolgte man, wie zu Mahler-, Wagner- und Beethoven-Klängen der Schauspieler Heinz Schubert, den man als »Ekel Alfred« aus der Fernsehserie »Ein Herz und eine Seele« kannte, am Beginn des Films als Zirkusdirektor auftritt, dann Hitler verkörpert, der als Dämon dem Grab von Richard Wagner entsteigt, und schließlich Heinrich Himmler ist, der sich massieren lässt.

Die marxistische Faschismustheorie wollte einem einhämmern, dass es bei der Entfesselung der Massen letzten Endes immer um die Ökonomie und die rigorosen Interessen der Herrschenden gehe. Und die als bürgerlich verschriene Totalitarismustheorie führte den Aufstieg der Systemfeinde von rechts und links auf den kumulativen Verfall von Liberalismus, Pluralismus und Individualismus zurück. Die Geschichtsverschlossenheit der Eltern sagte den Boomern jedoch, dass damit letztlich nichts erklärt war. Es musste ein streng gehütetes Geheimnis über den Nazismus geben, das etwas mit Bildern und Gefühlen, mit Imaginationen der Auflösung und Phantasmen der Beherrschung, Erhebung und Erniedrigung zu tun hatte. Woher kam der Jubel? Woher die Opferbereitschaft? Woher die Lust am Untergang? Für die Generation, die nach den Alleswissern von 1968 kam, war die widersprüchliche Einheit von Ordnungswut und Zerstörungswahn, von Harmonie und Entsetzen, von Idylle und Gewalt erst noch zu entschlüsseln.

Fassbinders Lichtspiel über das Lied der »Lili Marleen«, das über die feindlichen Schützengräben hinweg die Landser aller Nationen zu Tränen rührt, ist ein Melodram über eine sehnsüchtige Liebe, ein grausames Schicksal und ein Ende im Unglück. Für die Boomer war dies bester Stoff für die Projektion des Familienromans einer Liebe in Zeiten des Kriegs. Für Freud geht der aus Tagträumen und Phantasmen hervorgehende kindliche Familienroman auf die idealisierende Überschätzung der Eltern und ihrer Beziehung zurück.[45] So stellen sich die Kinder vor, wie die Eltern sich gefunden und geliebt haben.

Hitler selbst ist in dem Film von dem Lied so angetan, dass er der Sängerin, gespielt von Fassbinders Muse Hanna Schygulla, eine Villa schenkt, wo sie in Nazideutschland ein mondänes Leben führt. Doch Goebbels lässt sie beschatten und erfährt auf diese Weise, dass sie ein Liebesverhältnis mit einem jüdischen Komponisten aus der Schweiz, gespielt von Giancarlo Giannini, der unter der Regie von Luchino Visconti in »Die Unschuld« mitgewirkt hatte, unterhält. Fassbinder lässt Goebbels an einer Schlüsselstelle des Films tatsächlich sagen, dass es sich bei dem berühmtesten aller Soldatenlieder um ein melodramatisches Lied vor dem Hintergrund eines Totentanzes handle.

Für Saul Friedländer, dessen 1984 auf Deutsch erschienenes Buch »Kitsch und Tod« sich mit der seinerzeitigen ästhetischen Neuinterpretation des Nazismus und dessen Fortleben in Bildern und Träumen beschäftigte[46], stellt Fassbinders Kinostück die perfekte Synthese von Kitsch und Tod dar: »Diese bläulich getönten Kriegsszenen, diese nachdenklichen Soldaten in ihren Schützengräben, die das Lied hören, quer über alle Fronten – und dann bricht plötzlich die Hölle los mit roten und gelben Flammen, und immer derselbe Leichnam fliegt durch die Luft in immer derselben Bewegung, und immer derselbe Panzer dreht sein Geschützrohr zu immer demselben Haus, das unter seinem Granatenhagel zusammenbricht. Dann wieder bläuliches Licht und Stille und von neuem das Lied ...«[47]

»Vor der Kaserne
Vor dem großen Tor
Stand eine Laterne
Und steht sie noch davor
So woll'n wir uns da wieder seh'n
Bei der Laterne woll'n wir steh'n
Wie einst Lili Marleen
Wie einst Lili Marleen.«

Hier konnte sich jeder Soldat heraushören, was er brauchte: die gute Freundin, die keusche Geliebte oder das Mädchen für Geld.[48]

Solcher Kitsch war als eine banalisierte Form der Romantik für Friedländer ohne den Tod nicht zu haben.[49] Die noch jugendlichen Boomer waren im Dunkel des Kinos, alleine für sich auf ihren Plätzen, zwar mitgegangen, sie hatten etwas von dieser Liebe zum Tod und dem Vorrecht auf Begeisterung mitbekommen, aber wie für die Mehrheit der Deutschen, wie für ihre Eltern und Großeltern Unschuld und Ekstase, der Wille zum Schicksal und die Klage übers Schicksal, das Wimmern und Töten zusammengehen konnten, das blieb ihnen ein Rätsel. Sie hatten trotzdem über das Kino von Syberberg und Fassbinder eine Ahnung vom Menschen bekommen: dass weder die Ökonomie noch die Politik dem Begehren nach anderen Zuständen Einhalt gebieten können. Wer den Nazismus verstehen will, so lautete ihre unausgesprochene Schlussfolgerung, muss sich die Wünsche hinter den Interessen, die Fantasien hinter den Ideen und das Chaos hinter den Institutionen vorstellen können. Vielleicht würden das langsame Lächeln von Hanna Schygulla und der ruhige Blick von Giancarlo Giannini am Ende doch siegen, weil sie keinen Zweifel daran lassen, dass es ohne das Leben keinen Tod gibt.

Dagegen waren die viel skandalöseren Filme wie »Der Nachtportier« und »Die 120 Tage von Sodom« Versuchsanordnungen mit einer relativ klaren sadomasochistischen Hypothese. Beide Kinostücke spielen mit Bildern der lustvollen Allmacht und Unterwerfung, die heute noch an die Grenze des Erträglichen gehen. Im »Nachtportier« spielen sie sich im schwülstigen Ambiente eines Wiener Hotels zwölf Jahre nach dem Sieg über die Nazis ab. Eine noch junge KZ-Überlebende trifft den SS-Offizier wieder, mit dem sie im Lager ein sadomasochistisches Verhältnis mit wechselnden Dominanzen pflegte. Die beiden verfallen einander wieder, ergötzen sich an der Qual und gehen eine Verbindung ein, bei der sie beide den Tod finden.

Liliana Cavani wollte ihren eigenen Worten zufolge die Vergangenheit als den »Keller der Gegenwart«[50] erforschen und zum Unbewussten des Menschen vordringen. Von Freud war zu lernen, dass das Unbewusste keine Negation und keinen Widerspruch kennt und uns deshalb den Himmel und die Hölle in uns selbst vor Augen führt. Nicht die unverbesserlichen Nostalgiker einer glänzenden Nazizeit, sondern die unbedarften Träumerinnen und Träumer einer entfesselten Existenz ohne Sublimation sollten die Zielscheibe ihrer filmischen Vergegenwärtigung einer Situation von Erniedrigung und Beherrschung sein.

»Die 120 Tage von Sodom« war Pasolinis letzter Film, bevor er im Jahr von dessen Erscheinen vermeintlich von einem Lustknaben ermordet wurde. Schon allein deshalb musste man seine Sperren überwinden und sich den Fantasiegebilden dieses Freibeuters aus Italien aussetzen. Wie Deutschland war Italien eine »verspätete Nation«, wo ein ermüdetes Bürgertum schon 1922 dem »Marsch auf Rom« der faschistischen Bewegung nichts entgegenzusetzen hatte. Die »120 Tage« spielen in der Republik von Salò. Das war eine 1944 nach der Landung der Alliierten am Gardasee eingerichtete Restrepublik für fliehende Faschisten, die unter dem militärischen Schutz des Deutschen Reichs stand.

Hier führen die Repräsentanten des untergehenden Regimes der Faschisten mit letzter Kraft eine Oper der sadomasochistischen Ordnung auf. Mit leerer Eloquenz, verbissener Pedanterie und blödem Lächeln gehen die letzten Faschisten ihrem bizarren Lustgewinn nach. Pasolini stellt eine Klasse dar, die ihre Vitalität an ihre Begierden verloren hat und deshalb dem Untergang geweiht ist. Je länger das Spektakel dauerte, umso größer wurde der Abstand zu dem, was man auf der Leinwand zu sehen bekam. Wie unter der Lupe schien Pasolini den Zusammenhang von Unterwerfung und Raserei untersuchen zu wollen: wie die Unterwerfung der Nährboden für die Raserei wird und wie die Raserei ihr Gewissen in der Unterwerfung beruhigt.[51] Und die soziale Klasse, die sich dieser affektiven Hydraulik überlässt, ist das wurzel- und bodenlose Kleinbürgertum, das als Dienstklasse jeder Herrschaft seine innere Erfüllung findet. Bei jeder Drehung der auf der Leinwand dargestellten Exzesse lehnten sich die Boomer im Kinosessel weiter zurück. Irgendwann, sagten sie sich, werden die Leute in Wahrheit genug davon haben, ganz einfach, weil ihnen vor lauter Qual und Quälerei die Luft ausgeht. Die Kleinbürger werden klein beigeben, was allerdings nicht ausschließt, dass es bei anderer Gelegenheit wieder losgeht.

Den Schlusspunkt dieser Bildung durchs Kino setzte der Dokumentarfilm »Shoah« von Claude Lanzmann aus dem Jahre 1985. Das waren neun Stunden mit langsamen Kamerafahrten an Orten der Deportation und Ermordung. Lanzmann war elf Jahre unterwegs gewesen, um Zeitzeugen an den Schauplätzen von Treblinka, Sobibor, Auschwitz, Chełmno und Warschau vor der Kamera zu befragen. Der Film kam ohne Archivmaterial aus, man sah die Orte als heutige Orte und die Täter und Opfer als heutige Menschen sprechen. In einem eigens für die Aufnahme angemieteten Salon in Tel Aviv berichtet Abraham Bomba, der als Friseur überlebt hatte und nun wieder einen Kunden frisierte, wie er im Vernichtungslager Treblinka jüdischen Frauen und Mädchen, von denen er viele persönlich kannte, vor ihrem Gang in die Gaskammer die Haare abschneiden musste.

Als er auf einen Mitgefangenen zu sprechen kommt, der dort vor der Gaskammer seiner Frau und seiner Schwester gegenüberstand, kann er nicht weitersprechen:

>It's too hard. (…) I'm not able to do it.«
>You have to do it. I know it's very hard, I know,
    and I apologize.«
>Don't kid me along with that, please.«
>Please.«
>I told you today was going to be very hard.«[52]

Wer ist hier Täter, wer Opfer und wer Zuschauer? Der Vorhang war zu und alle Fragen offen.

IRONIE
UND TRAGIK

In einem Gespräch zwischen dem Filmemacher Harun Farocki und dem Stückeschreiber Heiner Müller aus dem Jahre 1980 bemerkt der Westberliner Farocki, dass der Unterschied zwischen Ostfernsehen und Westfernsehen daran zu erkennen sei, dass man im Osten die Bilder gegen den Himmel filmt und im Westen gegen die Erde.[53] Müller will diese These zunächst nicht akzeptieren, weil sich das Kino doch überall Hollywood angenähert habe. Dann jedoch verwickeln sich die beiden in die Frage einer kulturspezifischen Differenz des Realismus in der DDR und in der Bundesrepublik. Im Osten sei der Realismus beispielsweise im Film und in der Fotografie immer stilisiert, arbeite mit expressiven Verdeutlichungen und fantastischen Bereicherungen. Im Westen halte man einfach drauf, vertraue den Dingen und lasse dem Geschehen seinen Lauf. Im Grunde, erklärt Müller, sei die DDR nicht fotografier- oder filmbar. In einem Film könne ein Schauspieler nicht »Guten Tag« sagen, ohne dass es wie eine Lüge klinge. Alles hat für das Publikum einen Sinn, es werde zumindest auf seinen Sinn hin überprüft und wahrgenommen. Es herrsche in der Kunst der DDR eine Wegstilisierung unmittelbarer Wirklichkeit.[54] In der bundesrepublikanischen Kunst, kann man daraus folgern, habe das Banale und Ephemere eine eigene Chance, was allerdings mit einer gewissen Unfähigkeit zur Poetisierung erkauft werde. Vielleicht liebt man im Osten deshalb den Blick in den Himmel und im Westen den Blick auf die Erde.

In dieser ästhetischen Differenz steckt eine politische Differenz. Die DDR hat sich bis zum Ende als antifaschistisches Bollwerk gegen das Wiederaufkeimen des Faschismus im Kapitalismus verstanden. Im Zweifelsfall würde man sich sogar auf einen westlichen Marxisten wie Max Horkheimer berufen können, der kurz vor Ausbruch des Zweiten Weltkriegs 1939 in einem Text über die »Juden in Europa« den später oft zitierten Satz geschrieben hatte: »Wer aber vom Kapitalismus nicht reden will, sollte auch vom Faschismus schweigen.« Diese Überzeugung leitete in erster Linie die Führungsgruppe der Partei, die bis zuletzt mit Erich Honecker an der Spitze in den Szenarien der Weimarer Republik gedacht hat. Diese »misstrauischen Patriarchen«[55] hielten ideologisch das Heft fest in der Hand. Daran vermochten weder die Pragmatisten aus der Aufbaugeneration noch die Technokraten aus den Generationen des Durchkämpfens und des Durchrechnens, die schnell lernten, aber auch schnell aufgaben, etwas zu verändern. Die Vorstellung jedoch, dass man trotz aller Mängel in der Wirtschaft und trotz aller Knappheiten im Konsum auf der richtigen Seite der Geschichte stand, war in der Bevölkerung weit verbreitet. Jedenfalls kann man diesen Schluss aus einer 25 Jahre nach der Deutschen Einheit durchgeführten Umfrage unter Ostdeutschen ziehen, die die DDR noch aus eigener Anschauung kannten.[56] 2014 standen die wirtschafts- und sozialpolitischen Fragen bezogen auf die eigene Lebenssituation im Vordergrund. Rückblickend bewertete eine große Mehrheit der Befragten (96 Prozent) die Garantie eines Arbeitsplatzes für jede erwerbswillige Person und Versorgung mit Betreuungsangeboten für Kinder als großes Plus für die DDR. Die Unzufriedenheit mit der Mangelwirtschaft stand auf einem anderen Blatt. Man könnte dieses Befragungsergebnis als Ausdruck einer tiefsitzenden Skepsis gegenüber dem Kapitalismus bei einer weitgehenden Unzufriedenheit mit dem Sozialismus verstehen. Der Kapitalismus ist der Feind einer humanen Gesellschaft und der Nährboden für die Verführung der Massen. Die DDR verteidigte im Prinzip ein gutes Leben gegen das Kapital und dessen Agenten in der Politik. Die würden, wenn es ihnen an den Kragen geht, das Land wieder in den Abgrund stürzen. Der Kampf zwischen Kapital und Arbeit ist und bleibt das Gesetz der Geschichte.

So malt sich ein tragisches Geschichtsbild, das eine mächtige Tendenz der Geschichte unterstellt, die alles mit sich reißt, wenn sich die Menschen nicht zu einer Gemeinschaft des Widerstands zusammenschließen, die sich dem Untergang entgegenstellt. Wenn es derart um alles oder nichts geht, kann auf die Uneinsichtigkeit von Einzelnen keine Rücksicht genommen werden.[57]

Die Bundesrepublik hatte sich dagegen unter der Regie von Konrad Adenauer für die Neutralisierung der Nazis durch Integration entschieden. Am Fall von Hans Josef Maria Globke, der als Ministerialrat und Referent für Staatsangehörigkeitsfragen im Reichsinnenministerium einen der vier Kommentare zu den Nürnberger Rassegesetzen von 1935 verfasst hatte und dann dem Kanzler Adenauer 14 Jahre lang als Staatssekretär diente, schieden sich die Geister. In der DDR wurde Globke im Juli 1963 in Abwesenheit der Prozess gemacht, der mit dem Urteil einer lebenslangen Zuchthausstrafe endete, in der Bundesrepublik stand er an der Spitze des Bundeskanzleramts. Der antifaschistischen Gegengründung der DDR stand die postfaschistische Fortführung der Bundesrepublik gegenüber. Die nazistische Gefahr wurde im Westen nicht als kapitalistische Struktur universalisiert, sondern als antidemokratische Bewegung internalisiert.[58] Die Weimarer Republik war dieser Auffassung nach nicht an der Spaltung der deutschen Arbeiterklasse in revolutionäre Kommunisten und reformistische Sozialdemokraten gescheitert, sondern durch die Verführungskraft eines antiwestlichen und antibürgerlichen »Protestbegriffs des Volkes« als Hypothek einer »verspäteten Nation«.[59] Bonn war deshalb nicht Weimar[60], weil man dem Glauben an die wahre Größe einer deutschen Kultur und der echten Form eines deutschen

Staates abgeschworen hatte. Aber eine sichere Bank war das trotzdem nicht: Die Verfahren der liberalen Demokratie können illiberale Stimmungen in der Bevölkerung nicht aufhalten. Auch demokratische Bildung garantiert keine demokratische Lebensweise.

Der tragischen Geschichtsauffassung der DDR steht so die letztlich ironische der Bundesrepublik gegenüber. Es drohen nicht Untergang und Verfall, man arrangiert sich vielmehr mit der endlosen Wiederkehr und hofft, von einer zufälligen Katastrophe verschont zu bleiben. Dann muss auch nicht mehr alles einen Sinn haben, es bleibt der Sinn der Sinnlosigkeit.

Das tragische Grundgefühl hatte in der Spätphase der DDR seine Erfahrungsgrundlage verloren. Die Boomer-Ost haben den Sozialismus nicht als Hoffnung auf das große Andere erfahren, sondern zunächst und zumeist als ein leeres Versprechen auf eine Vertröstung im Gegebenen. In gewisser Weise hat die DDR als historische Vision für diese Generation gar nicht mehr existiert, aber etwas anderes kannte sie auch nicht. Im Gehäuse des Antifaschismus führten die Boomer-Ost eine Scheinexistenz. Die Weimarer Generation in den Führungspositionen hatte den Stab nie abgegeben und wollte das Missverhältnis zwischen privatem Existenzgeschick und öffentlicher Zukunftslosigkeit nicht zur Kenntnis nehmen. Es nimmt daher nicht wunder, dass im Augenblick der Maueröffnung gerade die jungen Boomer-Familien, denen es in der DDR nicht schlecht ging und die sich von der Staatsmacht nicht verfolgt fühlten, mit kleiner Habe in ihren Trabants über Ungarn das Land verließen. Diese Boomer haben den Sozialismus mit menschlichem Antlitz fahren und die Honeckers, Mielkes und Mittags mit ihren Phantasmagorien vom Fleischwolf des Kapitals und der Verteidigung der »Heimat des Sozialismus« sitzen lassen. Erich Honecker hätte sich vermutlich zu einer Verständigung mit Bärbel Bohley durchgerungen, aber angesichts der Kolonnen Richtung Westen konnte er nur hinter sich das Licht ausmachen. Sein Nachfolger Egon Krenz versuchte noch eine zivilgesellschaftliche Wende, aber dafür war es schon zu spät.

Die DDR ist durch die Stimme des Volkes auf der Straße, das erst fast weimarisch »Wird sind das Volk!« und dann neodeutsch »Wir sind ein Volk!« skandierte, angezählt worden. Aber den Garaus haben ihr die Boomer gemacht, die sich einfach umgedreht haben und abgereist sind. Die DDR ist, in den Worten von Albert O. Hirschman ausgedrückt[61], durch »voice« in die Knie gezwungen, aber durch »exit« zum Zusammenbruch gebracht worden. Die Mauer war mit einem Mal keine historische Naturtatsache mehr.

Die Boomer-West haben sich 1989 die Augen gerieben, weil sie nicht wussten, ob das jetzt eine zufällige Katastrophe oder ein glückliches Ende war. Sie hatten verfolgt, wie sich die beiden Flakhelfer Günter Schabowski (1929 in Anklam geboren) und Hans-Dietrich Genscher (1927 in Halle an der Saale geboren) die Bälle zuwarfen und wie Schabowski am 9. November 1989 auf einer dahinplätschernden Presse-konferenz des Politbüros in Berlin (Ost) auf die Frage des italienischen Journalisten Riccardo Ehrman nach dem Gel-tungsdatum des Gesetzentwurfs über Privatreisen nach dem Ausland ohne Vorliegen von Voraussetzungen in seine Zet-tel schaute, blätterte und brummelte, die Genehmigungen würden kurzfristig erteilt. Dies gelte, fügte er, offenbar es selbst nicht glaubend, hinzu, »sofort ... unverzüglich«.

In Berlin stürzte man als junger Mensch aus dem Wes-ten nicht sofort auf die Straße. Zögerlich brach man zum Ku'damm auf. Keine Begeisterung, kein Trubel, vorsichtig und behutsam ging man in dieser Nacht miteinander um. Die aus dem Osten staunten, die aus dem Westen auch. Der Zustand der Erregung kam erst am nächsten Tag. »Wahnsinn«, hieß es vor hingestreckten Mikrofonen, im-merzu »Wahnsinn«.

Boomer-Ost und Boomer-West haben keine gemeinsa-me Geschichte. Sie werden trotzdem durch den Anteil am Kriegsschicksal ihrer Eltern zusammengehalten. Dies bil-det eine Basis für die Auseinandersetzung über die tragische und die ironische Auffassung der deutschen Geschichte nach 1945. Der Krieg und der Völkermord verbinden auch diese Nachkriegsgeneration.

Die Boomer-Ost müssen sich als Nachfahren einer tra-gisch disponierten Gesellschaft begreifen, die auf den Kapi-talismus als bestimmende Macht fixiert war. Der hat sich nach 1989 als bezähmbar, aber nicht bezwingbar erwiesen.

Man kann das in immer neuen Stufen und Formen sich verwertende Kapital und seine Charaktermasken für den langfristigen Weltuntergang verantwortlich machen, aber heute und morgen lässt sich daran nichts ändern. Für die individuelle wie kollektive Sinngebung ergibt sich daraus die Frage, wie man diese dämonische Determinante der Lebensführung zugleich ablehnen und hinnehmen kann. Ironie könnte ein Ausweg sein, aber die hätte eine sarkastische und keine heitere Färbung.

Die Boomer-West wurden durch die deutsche Einigung in ihrer Weltsicht herausgefordert. Die ironische Nation[62], die die Westbindung bejaht und sich in Europa aufgehoben gefühlt hatte, musste auf einmal mit einer Ostverschiebung zurechtkommen und sich ein großes und langes realsozialistisches Experiment auf deutschem Boden einverleiben. Selbst wenn man den Kapitalismus nicht liebte, war man mehr postkapitalistisch als antikapitalistisch aufgelegt, das heißt, man setzte auf innere Tendenzen der Fortentwicklung des Kapitalismus aus sich selbst heraus: auf die »flexible Spezialisierung« jenseits der Massenproduktion, auf die Einräumung eines gewissen »Rechts auf Faulheit« im Lebenslauf, auf den Vorrang der »kleineren Lebenseinheiten« im Wohlfahrtsstaat sowie auf eine Verwaltung im menschlichen Maß und eben nicht auf eine grundsätzliche Alternative. Trotzdem kam man angesichts der Tatsache, dass Deutschland zu Beginn des 21. Jahrhunderts als der »kranke Mann« Europas galt, mit ironischer Leichtigkeit nicht mehr weiter. Der Wechsel der Hauptstadt von Bonn nach Berlin war für die Boomer-West das untrügliche Zeichen für eine tragische Störung des ironischen Gesellschaftsempfindens. Die »Generation Berlin«[63] richtete sich auf eine Collagegesellschaft mit gespannten Beziehungen zwischen Zugewanderten aus Italien, aus Griechenland, aus der Türkei, aus Palästina, aus Vietnam oder den Spätaussiedlern aus der ehemaligen Sowjetunion, mit anderen Kriterien der Geltung wie Kreativität, Teamfähigkeit, Begeisterungsfähigkeit sowie mit einer länger bleibenden Differenz zwischen Ost- und Westdeutschland ein. Dieses Ganze würde bunter, stressiger und unübersichtlicher sein.

BROKDORF

Auf einem Foto von 1981 sieht man eine Formation von Boomern, hauptsächlich Jungmänner, vor einem Zaun mit Helmen, wattierten Lederjacken und Tüchern vor dem Mund. Sie haben ihren Blick auf etwas vor ihnen gerichtet, werfen Steine und manche von ihnen halten Knüppel in der Hand.

Am 28. Februar 1981 fand am Baugelände des AKW Brokdorf die bis dahin größte deutsche Anti-Atom-Demo statt. Trotz eines verhängten Verbots reisten Demonstranten aus dem ganzen Bundesgebiet an, um nach der Aufhebung des unbefristeten Baustopps Flagge zu zeigen. Auf dem flachen Land an der Unterelbe, gut 60 Kilometer nordwestlich von Hamburg, liegt der kleine Ort, der jedem Boomer aus dem Westen ein Begriff ist. 1972 hatte die Kraftwerk Union AG beschlossen, dort ein Atomkraftwerk zu bauen. Schon 1976 war es bei einer Großdemonstration mit 30000 Teilnehmern zu schweren Gefechten zwischen Demonstranten und der Polizei gekommen. 1977 verfügte das Oberverwaltungsgericht Lüneburg eine unbefristete Unterbrechung des Bauvorhabens, weil die Entsorgung der Brennstäbe noch nicht geklärt sei.

Jetzt waren 100000 Menschen vor Ort. Es fegte ein eisiger Ostwind über das Gelände. Die Polizei hatte großräumig Straßensperren errichtet, aber viele Protestlerinnen erreichten trotzdem ihr Ziel. Sie hatten in der Region übernachtet, waren mit der Bahn gekommen und umgingen einfach zu Fuß die Sperren. Georg aus Siegen war dabei, Wolle und Charly aus Westberlin, Beate und Carla aus Göttingen und Hannover. Die waren alle hart drauf und wollten den Bullen zeigen, was eine Harke ist.

Zum Schluss kam es direkt am Bauzaun zwischen 3000 mit Steinen, Brandflaschen und anderen Wurfgeschossen bewaffneten Demonstranten und den Einsatzkräften der anderen Seite zu einer neuerlichen »Schlacht um Brokdorf«. Die Polizei meldete am Ende 128 verletzte Beamte und der BBU (Bundesverband Bürgerinitiativen Umweltschutz) 45 verletzte Demonstranten.

Brokdorf ist der Marker für jene Teile der Boomer, die im Atomstaat den Wahn eines Industriekapitalismus erkannten, der die Natur zu einer bloßen Ressource für die Produktion von Gütern degradierte, die keiner braucht und die niemanden glücklich machen. Die Unbewohnbarkeit der Erde ist der Preis für diese Blindheit des Wachstums und diese Obsession der Steigerung.

Allein die Frage nach dem Endlager für den nuklearen Müll konnte einen um den Verstand bringen. Wie sollte man Tausende von Jahren diese strahlenden Substanzen vor der Unachtsamkeit und dem Unwissen späterer Generationen schützen? Man kann ja gar nicht wissen, welche Sprachen in zehntausend Jahren an den Orten der Endlager gesprochen werden, welche Technologien die Menschen dann verwenden, welches Wissen diesen Kulturen noch wichtig ist.

Mit solchen Fragen stand man plötzlich im Nichts. Der Mensch war zu einer geologischen Macht geworden und hatte in seinem Hochmut sein Gegenüber verloren. Völlig unklar schien, wie man in fernsten Zeiten einem womöglich ganz anders verfassten menschlichen Lebewesen verständlich machen kann, was das für Stoffe sind, die da vor sich hin strahlen, welche Gefahren von diesen Abfällen ausgehen und wie man die Lagerung verändern oder verbessern kann. Digitale Dateien sind mit Sicherheit dann nicht mehr lesbar, auf dem haltbaren Papier müssen Zeichen stehen, die unmissverständlich sind, und auf Tafeln sollten Piktogramme eingeritzt sein, die nicht verwittern.

Brokdorf steht für eine Veränderung der ökologischen Frage: Nicht der Schutz der Natur, sondern die Perspektive auf die Langzeitgeschichte der Erde definiert nun das Problem unserer menschlichen Existenz auf dem Planeten.

Irgendjemand hatte Günther Anders gelesen und redete im hohen Ton von der Notwendigkeit einer »prophylaktischen Apokalyptik«[64], die man pflegen solle, um sich ins Unrecht zu setzen; dagegen warf eine andere ein, dass man vielmehr die Welt ohne den Menschen denken können müsste; und noch jemand entrüstete sich über derartigen Schwachsinn, weil es doch am Ende darum gehe, die Verselbstständigung der Wirtschaft auf Kosten der Gesellschaft abzuschaffen; worauf wieder eine andere darauf bestand, dass wir alle gleichzeitig Schuldige und Betroffene seien.

So wurde eine ökologische Frage umkreist, die in den politischen Auseinandersetzungen zwischen sozialistischen, liberalen und konservativen Positionen offenbar keine Rolle spielte. Brokdorf war für viele Boomer der Anlass, sich den Grünen zuzuwenden, die die Fragen der Umwelt als zentrale Fragen der Welt zum Thema machten. »Gut leben, nicht besser«. Wenn man wegkommen will von einer Welt aus Zement, Plastik und Asphalt, muss man sich mit Spinnen, Raben und Mikroben anfreunden.

Der gelb-rot-schwarze Aufkleber »Atomkraft? Nein danke« mit der lachenden Sonne in der Mitte ist in den Zauberwürfel der Bundesrepublik eingegangen. Viele Boomer mit einem Hochschulabschluss an einer westdeutschen Universität erinnern sich mit diesem Logo an das Sausen der Waschmaschine in der WG, an eine Susanne, die mit einem Follow-me-Lächeln am VW-Kleinbus lehnt, und an die Suhrkamp-Bücher im Billy-Regal, in denen irgendwo die Wahrheit döst. »ich fühls«, sagt das lyrische Ich, »nur wie das ging, hab ich vergessen.«[65]

DIE ENTDECKUNG
DER EIGENEN STIMME

Als eigene Stimme verschaffen sich die Boomer auf der Bühne des Tunix-Kongresses im Juni 1978 an der TU Berlin Gehör: »Wir lassen uns nicht mehr einmachen und klein-machen und gleichmachen«, heißt es in einem Aufruf, der bundesweit in kollektiv betriebenen Kneipen und in linken Buchläden ausliegt. Es geht gegen das von Helmut Schmidt ausgerufene Modell Deutschland und man hatte groß ein-geladen: Michel Foucault ist da, man sieht ihn mit seinem Haifischlachen in Begleitung von Heidi Paris vom Merve Verlag in der dritten Reihe des Audimax sitzen, Gilles De-leuze und Félix Guattari, deren »Anti-Ödipus« mit dem Untertitel »Kapitalismus und Schizophrenie I« im Januar 1977 bei Suhrkamp in deutscher Übersetzung erschienen war, wollen zuhören, und David Cooper mit seinem irren Rauschebart, der mit Ronald D. Laing zusammengearbei-tet und »Der Tod der Familie« und »Die Sprache der Ver-rücktheit« veröffentlicht hatte, bestreitet eine Arbeitsgrup-pe über Anti-Psychiatrie. Nach Tunix konnte man in der Restlinken anders über Pop und Politik reden: Die kollek-tive Intelligenz der Ameisenhügel, der Körperwellen des Rave und der römische Katholizismus ersetzen die Wert-

form, den Monopolkapitalismus und die Kritik der Waren-
ästhetik.

Drei Jahre später, im Juni 1981, waren in Berlin 165 Häu-
ser besetzt. Die Losung des Augenblicks hieß »No Future«.
Das war nicht als Klage, sondern als Feststellung gemeint:
Wir lassen uns weder von der Vergangenheit noch von der
Zukunft terrorisieren. Die Bücher der Stunde schrieb zum
Beispiel Rainald Goetz (»Irre«, 1983), die passenden Bilder
malte etwa Martin Kippenberger (»Ich kann beim besten
Willen kein Hakenkreuz entdecken«, 1984) und die passenden Songs sangen neben anderen Fehlfarben (»Keine Atem-
pause / Geschichte wird gemacht / Das geht voran!« aus
dem Album »Monarchie und Alltag«, 1980).

Achtundsechziger bieten sich an, Flugblätter zu schrei-
ben und Verhandlungen zu führen, die Alternative Liste
will den Kampf gegen den Weizsäcker/Lummer-Senat an-
führen und die Müslis mit den Jutebeuteln predigen Ge-
waltfreiheit. Das aber sind für die Boomer in den besetzten
Häusern die Anderen, mit denen man nichts zu tun haben
will. Es geht ihnen selbst um die Idee einer nichtrepräsenta-
tiven, nichtexemplarischen Politik, die sich eben nicht gegen das Ganze stellt, sondern im Einzelnen und Konkreten
die Dinge anders regeln will. Eine Bibel dazu war Jean-
François Lyotards »Das Patchwork der Minderheiten«,
1977 bei Merve erschienen. Man will niemandem etwas
vormachen oder vor Augen führen, sondern für sich selbst
eine Definition entwickeln. Politik ist eine Politik der Ers-

ten Person, aber nicht um Klage zu führen, sondern um etwas in Gang zu bringen, jenseits von Formschwäche und Identitätszwang. Mit anderen Worten: Boomer ziehen im Zweifelsfall die Pflege einer gewissen Form der Pflege des Selbst vor. Oder noch anders gewendet: Auf einem Statement-T-Shirt für eine Boomerin könnte gut die Behauptung von Bazon Brock stehen: »Selbstverwirklichung ist ein Ideal für Vollidioten.«

Die Hausbesetzerinnen von Berlin wollten nicht allein einen Beitrag zur Lösung der Wohnungsfrage im Kapitalismus liefern. Dies vielleicht auch. Aber eigentlich wollte man sich einen Ort fürs richtige Leben schaffen. Es gab damals in Berlin viele Häuser, die seit dem Ende des Kriegs leer standen oder für den Bau einer Stadttangente in den Leerstand versetzt worden waren. Besonders in SO 36, also in Kreuzberg rund um das Kottbusser und das Schlesische Tor, durchschnitten von der Mauer, mit winterlichem Smog aus Kachelöfen, türkischen Metzgern und Restdeutschen ohne geregeltes Einkommen, war gefühlt jedes dritte Haus abbruchreif.

Der Impuls ging in der Regel von Leuten aus, die an einer der Westberliner Universitäten, Fachhochschulen oder Berufsakademien studierten und Berlin als Stadt der Behauptungen mochten. Man gab eine Anzeige im »Tip« auf und suchte verschlüsselt nach Gleichgesinnten. Man wollte keine Zeit mit Kennenlernen vertun. Die Gruppe, die sich dann nachts aufmachte, war jedoch schon gemischter. Ein gewiefter Pfuscher ohne Berufsabschluss, ein kommunistisch aufgelegter Kiffer aus dem Zonenrandgebiet, ein dubioser Rocker, der angeblich aus dem Osten rübergemacht hatte, und eine stille Italienerin, die eigentlich nichts über sich gesagt hatte, waren dazugestoßen. Man brauchte sie alle. Man musste schließlich wissen, wie man eine große Eingangstür mit der Brechstange öffnet, ohne sie so zu beschädigen, dass man sie später nicht mehr verschließen kann, oder wie man zu Wasser und zu Strom kommt oder wie man sich von einem Dach abseilen kann.

Die Besetzung war ein Kinderspiel, aber die Herrichtung einer Hausruine, wo die Tauben genistet hatten und die Mauern feucht und die Dachpfannen weggerissen waren, eine Mammutaufgabe. Zudem musste ein besetztes Haus von Anfang an gegen Angriffe von Neonazis und anderen Verrückten gesichert und auf die jederzeitige Räumung durch anrückende Polizeieinheiten vorbereitet werden. Der Staatsschutz beobachtete die Besetzerszene, weil man die »Bildung einer kriminellen Vereinigung« nach Art einer terroristischen Stadtguerilla befürchtete.

Im Haus gruppierte man sich um Küchen, die als Zubereitungs-, Verpflegungs-, Wohn-, Debattier-, Reparatur-, Lese- und Regenerationsorte begriffen wurden. Hier fand das Leben statt, von dem man träumte, hier traf man sich zur Liebe, zur Arbeit und zur Politik. Hier lebte man seine Unterschiede und zelebrierte seine Gemeinsamkeiten.

Aus den einzelnen Besetzungen entstand eine Bewegung, die in gemeinsamen Plenen der politischen Berat-schlagung, in Bauhöfen für Material und Geräte und in Arenen der Verhandlung mit Behörden und Besitzern Gestalt annahm. Die Bewegung hatte allerdings von Anfang an ein spezifisches Problem der Dauer, weil alles an diesem einen Haus hing und an dem Grundstück, auf dem es gebaut war. Nicht Ideen hielten die Sache zusammen, sondern die Materialität des Ortes, die Energien für seine Herrichtung und Erhaltung und das Gefühl, damit etwas Eigenes und Gemeinsames zustande gebracht zu haben. Man brauchte sich wechselseitig, ganz handfest und materiell und zugleich als Begleiterinnen und Verbündete auf der Suche nach einem anderen Leben. Es gab so etwas wie Klassenneid untereinander, wenn eine überaus freundliche Mutter ihren Sohn besuchen kam und sich ohne Arg nach den für sie vermutlich befremdlichen Lebensverhältnissen im Haus erkundigte. Da konnte man mit seinem Lastwagenfahrer-Vater ganz schön alt aussehen. Aber im Alltag wusste man, was man aneinander hatte. Bei einem Nazi-Überfall war es wirklich hilfreich, wenn jemand da war, der mit einem Baseballschläger umgehen konnte.

Die heiße Zeit der Bewegung dauerte vom Sommer 1981 bis zum Frühjahr 1983. Dann schlossen die »Verhandler« Verträge vornehmlich mit den Baugenossenschaften und die »Nicht-Verhandlerinnen« hielten noch eine Zeit die Fahne der Autonomen hoch. Am Ende willigte auch die radikale Fraktion in die rechtliche Konstruktion von gemeinsamem Wohnungseigentum ein. Da hatten sich aber schon die Pfuscher, Kiffer und Rocker und auch die wortkarge Italienerin mit dem Heiligenschein aus dem Staub gemacht, weil sie gemerkt hatten, dass die Eigentumsbildung durch eine Zivilisierung des gemeinsamen Lebens eingeläutet worden war, die auf eine Separierung der Lebensräume und Disziplinierung der Lebensführung hinauslief.

In der zweiten Hälfte der 1980er Jahre wurde die Besetzer-Szene von der Club-Szene abgelöst. Die Boomer trafen sich wieder unter sich, die Frauen im kleinen Schwarzen von Coco Chanel und die Männer in Anzügen mit langen Jacketts und ausgestellten Hosen von Brioni. Alles aus Secondhandläden. Dazu hörte man House und Ambient und trank einen Bourbon. Das bedeutete nicht unbedingt einen Bruch mit der ersten Hälfte des Jahrzehnts. In manchen besetzten Häusern war eine Homebar für transzendental Obdachlose eingerichtet, wo streng darauf geachtet wurde, dass die Getränke in Ordnung waren.

Diese besondere Kollektivepisode in Westberlin veranschaulicht, wie die Boomer versuchten, etwas für sich zu machen, ohne dem Ganzen auf den Leim zu gehen. Man vertraute der Heterogenität der zufällig Zusammengewürfelten, weil ihnen die klebrige Homogenität des Modells Deutschland auf die Nerven ging. Heterogenität darf man allerdings nicht mit Diversität verwechseln. Diversität ist ein Sortierungsprinzip, das eingesetzt wird, damit niemand zu kurz kommt. Heterogenität lässt Differenz vorkommen und das Differente zusammenprallen, damit etwas hervorgehen und sich ereignen kann.

Dazu kommt die Skepsis gegen das Ideelle und die Präferenz fürs Materielle. Was in einem Haus unter den ganz konkreten Bedingungen des Ortes und der Zeit vor sich geht, passiert auch in der Gesellschaft. Es soll nichts gezeigt, sondern etwas gemacht werden. Dann erkennt man widrige Umstände, harte Widerstände und labile Zustände und kann dann wirklich was verändern.

Schließlich bedeutet die Besetzung eines maroden Hauses den Austritt aus einer etablierten Ordnung und die Eröffnung eines Freiraums für neue Unterscheidungen von Rang, Besitz und Geschlecht. Man kann es zumindest für eine bestimmte Zeit versuchen und muss sich dann womöglich eingestehen, dass man schwach, naiv oder verblendet war.

Lutz Seiler, Boomer-Jahrgang 1963, berichtet in seinem 2020 erschienenen Roman »Stern 111«[66] von einer Hausbesetzerbewegung in Ostberlin mitten im Chaos der Wende. Der Protagonist ist aus Thüringen im Schiguli, einem sowjetischen Lizenznachbau des Fiat 124, in die Hauptstadt des Systemwechsels gekommen und gerät in ein Rudel von stolzen Rebellen, die sich die Inobhutnahme von leeren Wohnungen und ruinösen Häusern auf die Fahnen geschrieben haben. Der Schigulimann wird einer von ihnen. Sie sagen im Osten lieber bewohnte Häuser als besetzte Häuser. Die Wohnbarmachung musste nicht bei Nacht und Nebel geschehen. Eine Wohnung aufzubrechen war nicht besonders schwer. Ein Schlag gegen die Tür, ein Moment horchen, ob man was hört, und schon war man drin. Die zuständige Wohnungsverwaltung ließ einen gewähren. Selbst Wasser und Strom wurden bei Meldung angeschlossen. In der Ordnungslosigkeit gab es für Kriminalisierung keine Handhabe.

Die Besetzer spürten die Gelegenheit. Sie wollten handeln, bevor die Okkupanten und ihre Spekulanten sich das Volkseigentum unter den Nagel reißen konnten. Sie waren keine Einbrecher oder Diebe, sie taten ihrer Ansicht nach nur, was notwendig und gerecht war. Der Schigulimann erhascht auf einem von Gebüsch überwucherten Hof unter dem Klang einer feinen, melancholischen Musik einen kurzen Austausch zwischen zwei Gleichaltrigen: Was er über all die Jahre gemacht habe, fragt der eine, er sei früh schlafen gegangen, antwortet der andere.

In der Gruppe ist die Stimmung organisch, erdenhaft, urgemeinschaftlich. Die Wohnungen sind wie Höhlen, der Anführer ist ein Hirte, die Kneipe ist wie ein U-Boot zwischen Eiszeit und Kommune, der Sex passiert ganz einfach. Jeder ist gefährdet, denkt die Hauptfigur, jeder sucht nach seinem Platz in dieser Zeit. Die Männer mehr als die Frauen, so muss man nach den Schilderungen im Roman hinzufügen. Der Hirte spricht von der Schwere des Anfangs, der Würde der Arbeit und bezeichnet die Hausbesetzer als Arbeiter-Guerilla. Im Tacheles, dem Kulturzentrum der

Bewegung, gehe es um die Verbindung von Kunst und härtester Arbeit. Er hasse die Wörter »Infoladen« und »soziokulturell« und würde deren Gebrauch am liebsten unterbinden. »Nicht diesen Rübensirup!«

Die Abstandsnahme zwischen Boomern-Ost und Boomern-West beginnt im Augenblick der Wende. Auf einem Plenum bricht es aus dem Hirten heraus:

»Das ist der Osten, nicht Kreuzberg! Das ist ein Arbeiterstaat! Bei uns sind die Bullen auf unserer Seite! Aber das werdet ihr nie begreifen! Weil ihr nicht versteht, worum es eigentlich geht. Weil ihr vollkommen verwestlicht seid, ihr dekadenten Westbesatzer ihr …«[67]

Bei der Frage nach der eigenen Stimme existiert offenbar eine Konkurrenz zwischen den Boomern-Ost und den Boomern-West um Erstheit und Echtheit. War Kreuzberg der Ursprung und der Prenzlauer Berg die Wiederkehr? War die poetische Sprache echter als die mit dem »Franzosengemurmel« (Rainald Goetz) unterfütterte? Waren die von der Räumung bedrohten Besetzer im Westen mutiger als die von der Volkspolizei unterstützten im Osten?

Jede siegt auf ihre und jeder verliert auf seine Weise. Die Angst, falschgelegen zu haben oder, schlimmer noch: dass alles sinnlos war, kann einem niemand nehmen. Aber dass beide Fraktionen, die im Westen und die im Osten, jeweils auf ihre Art etwas riskiert haben, sollten sie sich vielleicht gegenseitig zugestehen.

AIDS UND
TSCHERNOBYL

Die Boomer, die mit einem lockeren Experimentalismus in die 1980er Jahre starten, erleben dann im Verlauf dieses Jahrzehnts »nach dem Boom« eine Pandemie und einen größten anzunehmenden Unfall – ein durch Sex erworbenes Immunschwächesyndrom und einen Störfall mit Folgen, die schlimmer sind, als alles, was sich die Verantwortlichen vorher vorgestellt haben: Aids und Tschernobyl.

Im immer noch jungmenschlichen Zustand war Aids eine Bedrohung, der man auch dann nicht entgehen konnte, wenn man keinen schwulen Sex hatte. Viele Boomer kannten jemanden, der oder die sich eine HIV-Infektion zugezogen hatte, die am Anfang der Pandemie in den meisten Fällen tödlich verlief. Foucault, Jean-Michel Basquiat, Freddy Mercury, Arthur Ash, der Tennisspieler, Keith Haring, der Erfinder der »Subway Drawings«, Klaus Schwarzkopf, der Kommissar Finke aus Wolfgang Petersens »Tatort« mit dem Titel »Reifeprüfung« mit Nastassja Kinski (1977) – sie alle sind an und mit Aids gestorben.

1981 berichteten Ärzte in den USA von der Häufung einer seltenen Form von Lungenentzündung unter jungen, wie man damals sagte, homosexuellen Männern. Ein Jahr später werden erste Fälle dieser Art in Deutschland festgestellt. Aber man tappte immer noch im Dunkeln. Von einer mysteriösen Krankheit war im »Spiegel« die Rede.

Mitte der 1980er Jahre kam Aids in der heterosexuellen Mehrheitsgesellschaft an. Als Ursache war eine Ansteckung beim Geschlechtsverkehr ausgemacht worden. Das konnte Schwule und Nichtschwule, Treue und Untreue, Straßenmädchen und Freier, Monogame und Polyamoröse gleichermaßen treffen. Menschen mit einem »Acquired Immune Defience Syndrom« verloren plötzlich ihre Abwehrkräfte und starben, ohne dass man ihnen helfen konnte. Von der US-amerikanischen Fotografin Nan Goldin, die in jener Zeit in Westberlin lebte, stammen Bilder des Sterbens von Freunden und Freundinnen aus der bunten Szene von Schwulen, Prostituierten, Dragqueens und Drogenkonsumenten. In den späten 1970er Jahren hatte sie in New York in diesem Kreis ihre Wahlfamilie gefunden. »Ich erinnere mich noch sehr genau, wie wir an einem Sonntag zusammensaßen, den ersten Artikel über den angeblichen Schwulenkrebs lasen und darüber lachten.«[68]

Aids wurde im Zeichen der Prävention einer Gefahr für Leib und Leben zu einem Thema der Gesellschaft insgesamt. In Talkshowrunden im Fernsehen bekannte ein Mann mit Bart, dass er sich aufgrund seines Intimlebens nicht gefährdet fühle, eine Frau im Kostüm erklärte, dass sie sich nicht über andere erheben wolle, während der Moderator mit breiter Krawatte offenbar nicht wusste, was für ein Gesicht er bei diesem Thema machen sollte. Rita Süss-muth, die zuständige Ministerin unter Kanzler Kohl, veröf-fentlichte 1987 ein Ratgeberbuch mit dem Titel »AIDS. Wege aus der Angst«, in dem sie sich sehr menschlich zeig-te: nämlich einerseits der Angst Raum gab und andererseits Selbstdisziplin einforderte. Aids sei nicht heilbar, aber ver-meidbar. Dazu müsse man allerdings Abschied nehmen von Vorstellungen einer sexuellen Revolution des Ichs wie einer technischen Beherrschbarkeit der Welt. Aids mache Angst, zeige aber auch Wege aus der Angst und markiere deshalb, so muss man folgern, einen Wendepunkt im Selbst- und Weltverständnis.

Die Betroffenheit, die die Autorin nach eigenem Be-kunden erzielen wollte, betraf deshalb nicht allein die Er-krankten und Leidenden, sondern vor allem alle anderen, die ihrer Angst nicht Herr wurden. Der Imperativ einer Po-litik, die sich im Namen eines Regimes der Prävention ins intime Leben einmischte, lautete »Du musst dein Leben ändern!«. Das Wort Aids stand für das Ende einer Politik der Selbstbefreiung und der Gesellschaftsveränderung.

Dem aufgeklärten Lager, zu dem zweifelsfrei auch die CDU-Frau Rita Süssmuth gehörte, war klar, dass man nicht Gruppen, sondern Praktiken nach ihrem Risikograd kategorisieren wollte. Aufklärung über Aids hieß in erster Linie Aufklärung über den möglichen und nötigen Schutz bei den diversen Sexualpraktiken, die sowohl bei Hetero- als auch bei Homosexualität Lust machen. Die Kampagne

»Gib AIDS keine Chance«, die von der Bundeszentrale für gesundheitliche Aufklärung verantwortet wurde, beinhaltete die flächendeckende Aufforderung zum Safer Sex. Man schaute, meistens als Mann, auf die Plakate und dachte, wer eigentlich wem das Gummi überzieht und wie schnell das gehen muss. Die Frauen lachten darüber.

Aids ging zwar alle an, betraf aber nicht alle gleichermaßen. Unter Schwulen war schnell klar gewesen, dass das Ganze kein Spaß ist und Verhaltensänderungen zum Selbst- und Fremdschutz angesagt sind. Die Verbindung von Sex und Tod war böse Romantik. Man wollte sich nichts diktieren lassen, man wollte selbst etwas tun. Die Selbsthilfe in den Communitys galt zuerst den Infizierten, den Erkrankten und den Sterbenden. Es entstand so etwas wie eine schwule Caritas mit Pflegedienst und Sterbebegleitung, zugleich kämpfte man gegen die Diskriminierung der Schwulen als einer Gruppe von Virusträgern. »Schwul« wurde von einer abwertenden Fremd- in eine aufwertende Selbstbezeichnung umgemünzt. Außerdem trieb die Community selbst die Forschung über Ursachen und Heilung der Krankheit voran. Dies widersprach nicht der Position von Rita Süssmuth, man wollte jedoch für sich selbst sprechen und sein Schicksal nicht den anderen überlassen, sich nicht markieren und denunzieren lassen, sondern sich selbst helfen und stärken. Die Aids-Forschung war die erste für das Publikum fassbare Citizen Science, die Betroffene zu Forschenden machte. Die enormen Fortschritte auf diesem

Gebiet, die zwar nicht zur Entwicklung eines Impfstoffes, aber zu einer wirksamen Medizin führten, wären ohne diese nachhaltige Unterstützung durch eine soziale Bewegung der Selbsthilfe vermutlich nicht möglich gewesen. Auch der Gay Pride, wie er sich während der 1980er Jahre auf Festivals und in Märschen zeigte, verdankt sich der Selbstermächtigung der Schwulen als Antwort auf die Seuche. Die Deutsche Aidshilfe, die sich als eingetragener Verein der Sorge für Verwundbare und Verwundete etablierte, stellt seitdem eine Stütze der Zivilgesellschaft dar. Dies alles sind Errungenschaften und Hinterlassenschaften, die sich der Aids-Pandemie verdanken und zu den kollektiven Erfahrungen der Boomer im Westen zählen.

Die Boomer waren aufgrund subkultureller Kontakte, adoleszenter Drogenexperimente, jungmenschlicher Promiskuität und gesundheitspolitscher Adressierung näher dran am Aids-Komplex als die jüngeren und älteren Generationen in den 1980er Jahren. Die »O-Bar« in der Oranienstraße in SO 36 war ein verführerischer Ort, an dem der Aids-Hysterie die Stirn geboten wurde. Personal und Gäste demonstrierten, wie wunderbar es sich als Lesbe oder Schwuler leben lässt. Wenn man den Blues hatte, ging man dorthin, weil einem die ganze Aufführung zu verstehen gab, dass das Leben ein Geschenk ist. Erst in den 1990er Jahren jedoch konnte man jemanden kennenlernen, der ohne Reue, Klage und Selbstmitleid, allerdings mit der Unterstützung einer täglichen kleinen Pille, ein Leben mit dem Tod führte. Dazwischen waren eine Freundin, die sich den Minijob als Sexarbeiterin zu einfach vorgestellt hatte, und ein Bekannter, der beim Sex zu leichtsinnig war, gestorben.

Das andere Synonym für das Jahrzehnt der Prüfung war Tschernobyl. Nach den »ernsten Unfällen« von Sellafield (1957) und Harrisburg (1979) war dies der erste Fall eines Super-GAUs. Am 26. April 1986 um 1:23 Uhr in der Nacht zerstörte eine Serie von Explosionen den Reaktor und das Gebäude des 4. Blocks im AKW Tschernobyl in der seinerzeit noch zur Sowjetunion gehörenden Ukraine. Dem radioaktiven Niederschlag, der sich über Mitteleuropa ausbreitete, war man schutzlos ausgeliefert. In Bayern suchten die Leute bei Regen panisch Unterschlupf, in Berlin war Milch aus Dänemark sehr begehrt und nicht wenige Mütter flohen mit ihren kleinen Kindern in Regionen, in denen kein Fallout zu befürchten war. In Neuherberg bei München wurde eine radioaktive Belastung fünfmal höher als bei einem Atomwaffentest auf dem Bikini-Atoll gemessen.

Im Mai 1986 fügte Ulrich Beck »aus gegebenem Anlass« einen Prolog zu einem eigentlich abgeschlossenen Manuskript hinzu, das im selben Jahr unter dem Titel »Risikogesellschaft. Auf dem Weg in eine andere Moderne« als Buch erschien.[69] Darin wird Tschernobyl in die Reihe der geschichtlichen Katastrophen des 20. Jahrhunderts eingefügt. Beck nennt die beiden Weltkriege, Auschwitz, Nagasaki, dann Harrisburg und Bhopal und jetzt Tschernobyl. Interessanterweise fehlte der Gulag. Tschernobyl stellt für ihn eine Katastrophe neuen Typs dar, weil der Feind, die Gräben, die Lager und die Zäune fehlen. Die atomare Verseuchung liegt buchstäblich in der Luft. Sie kennt keine bewachten Grenzen und keine tödlichen Kategorisierungen. Tschernobyl bedeute das Ende des Anderen als Feind und »Untermenschen«.

Ulrich Beck sprach aus, dass die Gefahr abstrakt und trotzdem tödlich sei. Man kann mit bloßem Auge nicht erkennen, ob die Wolke als schöne Gestalt anzuschauen oder als eine Ansammlung feiner tödlicher Teilchen zu fürchten sei. Die Kontaminierung ist nicht zu riechen, nicht zu schmecken und nicht zu sehen. Man braucht ein Messgerät zur Wahrnehmung der Grenzen überschreitenden Dynamik der Gefahr.

Damit hängt die spezifische Allbetroffenheit der Bedrohung zusammen: Kein Erdteil, kein Land, keine Region, keine Gruppe kann sich sicher fühlen. Drei Tage nach den Explosionen in Tschernobyl wurde am 29. April eine hohe Strahlenbelastung in Polen, Deutschland, Österreich, Rumänien registriert, am 30. April in Frankreich, Belgien, den Niederlanden, Großbritannien, Nordgriechenland, am 3. Mai in Israel, Kuwait und in der Türkei, am 2. Mai in Japan, am 4. Mai in China, am 5. Mai in Indien sowie am 5. und 6. Mai in den USA und in Kanada. Relativ willkürlich festgelegte Messwerte bestimmen, wie akut die Gefahr an Ort und Stelle ist, was Beck zu der Folgerung nötigte, dass

mit der Diagnose der Gefahr die Einsicht in das unentrinn-
bare Ausgeliefertsein an sie zusammenfällt. Dies hatten die
Boomer erlebt, als sie sich mit einem Schirm vor dem kon-
taminierten Regen und mit Spülwasser gegen verstrahlte
Senfgläser schützen wollten.

Tschernobyl war ein Unfall, der, wie sich später heraus-
stellte, auf menschliches Versagen zurückzuführen war. Das
war freilich ebenfalls keine sonderlich beruhigende Erkenntnis. Das vermeidbare Ereignis, das kein böser Geist
gewollt hat, enthüllt vielmehr die menschliche Gemacht-
heit der plötzlichen Katastrophe. Sie wird gerade wegen
ihres Ausnahmecharakters normal. Der US-amerikanische
Organisationssoziologe Charles Perrow nannte in einem
zwei Jahre vor Tschernobyl erschienenen Buch solche tech-
nisch induzierten, wie aus heiterem Himmel niederfahren-
den Großereignisse »normale Katastrophen«.[70]

Nach der Deutung von Ulrich Beck erlebten die Boomer in der formativen Phase ihres Erwachsenwerdens den
Umschlag von einer Welt der dominanten Tendenzen von
Industrialisierung, Modernisierung und Demokratisierung
in eine der schlagenden Kontingenzen von grenzüber-
schreitenden Zivilisationsgewalten. Schließlich kann nur
noch ein »günstiger Wind« die totale Verwüstung abwen-
den. Die Normalität reibungslosen Funktionierens kann
jederzeit in die Absurdität einer erwartbaren Katastrophe
umschlagen.

Dies war die Lehre von der Anwesenheit einer ohne

Wissen nicht erkennbaren, ohne Geräte nicht registrierbaren und mit Zäunen nicht aufhaltbaren und über Grenzen hinweggehenden Gefahr. Radioaktivität, schrieb Swetlana Alexijewitsch in ihrer gut zehn Jahre nach dem Reaktorunfall erschienenen »Chronik einer Zukunft«[71], ist unsichtbar, lautlos und ohne Geschmack. Die Bienen wussten Bescheid, die Regenwürmer verkrochen sich, nur den Menschen fehlte offenbar der Sinn für diese neue Art von Tod. Töten konnte das abgemähte Heu, der geangelte Fisch, das gefangene Wild, der geerntete Apfel. Stellen wir uns nur einen Augenblick lang vor, wie es in Kiew, in Warschau, in Dresden, in Berlin und in München ausgesehen hätte, wären auch die drei übrigen Reaktoren von Tschernobyl explodiert.

Die Boomer-Ost haben Aids und Tschernobyl im Zustand des Halbwissens und des doppelten Bewusstseins erlebt.[72] Anfänglich war Aids in der öffentlichen Berichterstattung eine »kapitalistische Seuche«, die in der geschlossenen Gesellschaft der DDR keine Chance hatte. Homosexualität war in der sozialistischen Gesellschaft nicht verboten, aber von einer Subkultur war nichts bekannt. Erst 1989 erschienen in einem westdeutschen Verlag unter dem Titel »Ganz normal anders« die von Jürgen Lemke nach dem Vorbild von Maxie Wander gesammelten Auskünfte schwuler Männer aus der DDR.[73] Der Westen schien dieses Bild einer »splendid isolation« sogar zu bestätigen, wenn bei der Aidshilfe davon die Rede war, dass die Mauer das

Kondom der DDR sei. Das Schwule war kein Bestandteil der Lebenswelt der Boomer-Ost. Man kannte Fensterputzer, die Männer liebten, und Klomänner, die Sex für Geld machten, aber Saunen, Bars und Läden für Schwule gab es in der DDR nicht. Von Aids war man über Westmedien unterrichtet, aber man war davon nicht berührt. 1986 wurde der erste Todesfall aufgrund einer HIV-Infektion in der DDR gemeldet, die Anzahl der Infizierten betrug zu diesem Zeitpunkt nach offizieller Darstellung 14. 1990 wurde in der Bundesrepublik bei rund 42 000 Personen eine HIV-Infektion festgestellt, mehr als 5000 davon waren an Aids erkrankt. Dagegen waren lediglich 133 Personen in der DDR mit dem Virus infiziert und bei 27 war die Krankheit ausgebrochen. Insofern stimmt die Feststellung, dass Aids zwar eine Pandemie war, an der mehr als 40 Millionen Menschen starben, die aber an der DDR vorbeiging.

In der Sowjetunion hatte man, was in Tschernobyl passiert war, zuerst vor der Welt und vor der eigenen Bevölkerung geheim gehalten. Daran hielt sich auch die Berichterstattung in der DDR. Man informierte zwar über die Havarie, versicherte aber, dass die notwendigen Maßnahmen zur Beseitigung der Folgen ergriffen worden seien und die Betroffenen die nötigen Hilfen erfahren hätten. Die Leute wunderten sich nur, wie sich der ökologisch inspirierte Bürgerrechtler Sebastian Pflugbeil erinnerte, dass es mit einem Mal so viel Salat im Angebot gab, der sonst gewöhnlich sofort in die Bundesrepublik ging. Natürlich war den jungen Leuten von damals nicht entgangen, dass sich in Tschernobyl ein ungeheuerlicher Unfall ereignet hatte, aber der anthropologische Schock, der für viele Westboomer damit verbunden war, ist den Ostboomern aufgrund des undurchdringlichen Dickichts von Wahrheit und Lüge, von Information und Desinformation, von Not und Angst erspart geblieben. Es ist ihnen deshalb freilich auch ein befremdlicher Gedanke, dass wir uns seitdem in einer neuen Phase der Geschichte befinden.

Im Grunde bestätigten die beiden transnationalen Großereignisse die Ansicht der Boomer, dass trotz der Sicherungsstrukturen in der Systemkonkurrenz zwischen Ost und West nichts sicher war. In Berlin war die Mauer eine Naturtatsache und die Risse in der Mauer nichts mehr als ein Lebenszeichen. Auf beiden Seiten der Mauer nahmen die Boomer hin, was nicht zu ändern war. Im Osten glaubten sie weder an den Sozialismus noch an seinen Untergang, im Westen weder an den Kapitalismus noch an dessen Überwindung. Sie befanden sich, um es noch mal mit dem Gesamtdeutschen Heiner Müller zu sagen[74], in einem großen Wartesaal, in dem alles auf Geschichte wartet.

OPERATIONEN
AM OFFENEN HERZEN

Für die Boomerinnen aus den Flüchtlingsfamilien und aus den Familien kleiner Angestellter war das ihnen zugedachte Aufstiegsziel die Fremdsprachensekretärin. Mit der Kompetenz, mehrere Sprachen fließend zu beherrschen, stand einem die Welt offen – jedenfalls mehr als einer zuverdienenden Ehefrau, die halbtags in einer Drogerie oder beim Finanzamt beschäftigt war.

Die Boomerinnen bildeten die erste Generation von Frauen, die aufgrund ihrer hohen Bildungsabschlüsse in akademische Berufe gelangten, über den Zweiten Bildungsweg Schlüsselpositionen in Verkauf und Verwaltung eroberten oder in freien Berufen reüssierten. Dazu kam der selbstverständliche Anspruch auf ein eigenes Leben. Der wurde durch die Lektüre von Virginia Woolf (»Ein Zimmer für sich allein«) oder Christa Wolf (»Der geteilte Himmel«), durch Filme mit Brigitte Bardot (»Die Verachtung«) oder Jane Fonda (»Nora«), durch Songs von Janis Joplin (»Me and Bobby McGee«) oder Nina Simone (»To Be Young, Gifted and Black«) bestärkt. Womöglich war aber der Umgang mit den Jungs aus der Initiative für ein Jugendzentrum in der Unterstadt noch wichtiger. Da wäre nämlich ohne die Mädels nichts gelaufen. Letztlich wirkten 20 Prozent eines Jahrgangs stilbildend für eine Generation nachhaltiger weiblicher Selbstermächtigung.

Männer und Frauen machten Bekanntschaft mit einer weiblichen Energie, die nicht durch fixe Rollenerwartungen gebändigt war. Die Frauen konnten sich eine Existenz ohne Ehe vorstellen und die Männer kamen ganz schön in die Bredouille, wenn zwei Frauen sich entschlossen, sich für eine gewisse Zeit einen Mann zu teilen. Frauenbücher wie »Die Scham ist vorbei« von Anja Meulenbelt oder »Häutungen« von Verena Stefan, beide aus dem Verlag Frauenoffensive, halfen einem da auch nicht weiter. Eine Weiblichkeit jenseits der »Geschlechtscharaktere« und eine Männlichkeit ohne Rollenmodell machten die Verhandlungen über konkurrierende Ansprüche und widersprüchliche Wünsche jedenfalls nicht einfacher.

Die legendäre, seinerzeit von Alice Schwarzer eingefädelte Aktion »Wir haben abgetrieben« im »Stern« am 6. Juni 1971 gehört zur Pubertätsgeschichte der Boomerinnen. Vielleicht haben sie die Illustrierte irgendwo liegen gesehen und reingeschaut, weil sie Romy Schneider aus den »Sissi«-Filmen kannten, aber als Datum einer Geschichte der Frauen hat sich ihnen dieses öffentliche Bekenntnis einiger prominenter und vieler Frauen ohne glänzenden Namen erst sehr viel später eingeprägt. Für die jungen Frauen aus dem Westberlin der 1980er Jahre war das Recht auf Abtreibung ein selbstverständlicher Teil ihrer Selbstbestimmung. Wenn man ohne Einkommen oder noch im Studium war, gab es fern der Heimat keine nennenswerten Schwierigkeiten, an eine Abtreibung zu kommen, nach der man sofort wieder nach Hause gehen konnte. 1976 war der Paragraf 218 neu geregelt worden. 1978 sang Nina Hagen »Ich hab' keine Lust, meine Pflicht zu erfüllen / Für dich nicht, für mich nicht / Ich hab' keine Pflicht«. Der Song hieß »Unbeschreiblich Weiblich«.

»Eine kleine Kindergartengruppe war es schon, die wir in diesen Jahren abgetrieben haben.«[75] So lautet die Bilanz eines gefühlsmäßigen Ungeschicks in Zeiten der Rebellion. Die Frauen kehrten aschfahl aus der Frauenärztinnen-Gemeinschaftspraxis zurück und schlichen sich wortlos in ihr Zimmer. Man hörte tagelang »Suzanne« von Leonard Cohen oder »Chelsea Girl« von Nico. Die betroffenen Männer behalfen sich mit der Information aus dem Familienplanungszentrum, dass bei 90 Prozent der betroffenen Frauen keine psychischen Probleme zu erwarten seien. Man sprach von Beziehung und hoffte auf Liebe, man bewies sich Stärke und erwischte sich bei der Schwäche, man behauptete die Unabhängigkeit und fand sich verwickelt in Abhängigkeiten. Männer und Frauen waren immer noch zwei füreinander dunkle Kontinente. Man kam einfach nicht zurecht mit dem Geschlecht, das, wie bei Luce Irigaray zu lesen war, nicht eins ist.[76]

»Uns lockte eine nicht näher definierte Freiheit jenseits einer Bindung. Vorbilder gab es dafür zunächst keine. Die meisten von uns vermuteten hinter der Ehe ihrer Eltern die pure Konvention. Leidenschaft trauten wir ihnen nicht zu. Sie waren uns auch in der Liebe kein Vorbild.«[77]

Die jungen Frauen spürten das schuldbewusste Selbstvertrauen ihrer Mütter, die ihre Selbstständigkeit der Volksgemeinschaft der Nazis verdankten. Und sie lehnten das trügerische Emanzipationsbegehren der Achtundsechziger mit Kommunenstolz und arrangierten Ehen für den Klassenkampf ab. Die Männer waren Angeber, denen man das Sex-Gerede nicht abnahm, und die Frauen ließen sich nicht in die Karten schauen. Ihrer eigenen zur Schau gestellten Unbekümmertheit in Beziehungsdingen trauten sie allerdings selbst nicht. Die Beziehungen standen unter Vorbehalt, weshalb man sich nach jeder Trennung die harte Frage nicht stellen musste, ob man je wieder würde lieben können.

In den »Szenen einer Ehe« von Ingmar Bergman, der schon 1973 in die Kinos gekommen war, den aber merkwürdigerweise alle gesehen hatten, ging ihnen das ewige Wechselspiel zwischen Streit und Versöhnung auf die Nerven. Niemals Rechtsanwältin werden, niemals als Naturwissenschaftler durch die Welt stolzieren, niemals zwei Kinder haben und niemals nach Scheidung und neuen Ehen in zur Gewohnheit gewordenen heimlichen Zusammenkünften enden.

Die Boomerinnen mussten das Kunststück vollbringen, vollkommen desillusioniert über die Liebe zu denken, die sie immer wieder gesucht haben. Man glaubte, auf der Hut vor großen Gefühlen sein zu müssen. Am besten schützte man sich dagegen, indem man mehrere Verhältnisse gleichzeitig unterhielt. Wenn man seine Gefühle auf mehrere Geliebte verteilte, bestand keine Gefahr, sich in der Liebe zu verlieren. Treue war eine Sehnsucht, die keinen anerkannten Wert hatte.

Es gab freilich mehr frühe Bindungen, als man sich eingestand. Ewig lange Beziehungen, die noch in die Schulzeit zurückreichten. Man mutete sich Nebenbeziehungen und offene Zweierbeziehungen zu. Aber irgendwie fand man wieder zusammen. Als dann doch ein Kind geboren wurde, verstand man, dass die Praxis der Liebe etwas anderes ist als das dauernde Verliebtsein. So überdauerte erste Liebe manchmal viele Irrungen und Wirrungen.

Für die Boomer-West stellte sich die DDR als eine Gesellschaft der patenten Beziehungen dar. Die Frauen standen im Beruf ihren Mann, tranken Schnaps, wenn's ihnen zu viel wurde, man hatte die Kinder in der Krippe und das Freizeitvergnügen gestaltete sich um den Betrieb als Vergesellschaftungskern. Man vermutete einen fröhlichen Sex, den die allseits beliebte FKK-Kultur abrundete. Mit einer gewissen ethnologischen Verwunderung schaute man auf eine Gesellschaft, die weder Psychoanalyse noch Pizza kannte.

Die Boomer-Ost schüttelten den Kopf über eine Liebeswelt von Paartherapie und Orgasmusschwierigkeiten. Die

Frauen im Westen leben in Puppenheimen und sinnieren über die großen Folgen eines kleinen Unterschieds. Aus Umfragen in der Intimsphäre versucht man Schlüsse über gesellschaftliche Zustände zu ziehen und die Kleinfamilie mit Eltern, Kind und Neurose wird als Keimzelle der Gesellschaft begriffen. Warum es eine neue Frauenbewegung brauche, war den Boomerinnen aus dem Osten ebenfalls schleierhaft. Zu viel Küche, zu viele Kinder, zu viel Körper, befanden sie. Eine gewisse Dekadenz umhüllte ihrer Ansicht nach die Themen Geschlecht, Sexualität und Liebe.

Schlagen die Herzen der Boomer in West und Ost immer noch verschieden? In der Geschlechterfrage, in der Kinderfrage, in der Familienfrage sind sich die Boomer-Ost und -West trotz der sich angleichenden Erwerbsquote bei den Frauen, trotz der wachsenden Zahl von West-Ost-Paaren und trotz des Ausbaus der vorschulischen Kinderbetreuung noch lange nicht einig. Müssen sie ja auch nicht. Die Frage ist nur, was man mit diesem Unterschied macht. Zerbricht diese letzte Nachkriegsgeneration an diesem Unterschied oder entdecken die nunmehr Sechzigjährigen in West und Ost einen Generationszusammenhang, aus dem heraus eine solche Differenz zu verstehen ist?

DIE ROARING
NINETIES

Nach dem Schnitt von 1989 war plötzlich alles anders. Der Kapitalismus hatte zwar gesiegt, war aber bald in einen manischen Zustand geraten. Für jemanden wie Joseph E. Stiglitz mussten die »Roaring Nineties«, die die Garagenunternehmer der Wissensindustrie, die Deregulierung der Finanzmärkte, die sinkenden Kosten für Transport und Kommunikation, die Entzifferung des menschlichen Erbgutes und den Aufstieg des Chief Executive Officer, kurz CEO, brachten, in so etwas wie 9/11, dem Angriff auf die beiden Türme des World Trade Centers, enden.

Für die Boomer waren die 1990er Jahre nicht die formative Phase des Neoliberalismus, sondern die Zeit ihrer lebensgeschichtlichen Ichfindung. Nach dem Untergang von Westberlin hatte sich die rebellische Gruppe, die wir bisher verfolgt haben, in alle Winde zerstreut: Eine war bei Nixdorf in Paderborn in einer höheren Position im Management gelandet, eine andere hatte ihre Kenntnisse über die Rasterfahndung in eine agile Hamburger Werbeagentur eingebracht, eine ist in eine internistische Praxis im Wedding eingetreten, einer ist Facharzt für Strahlentherapie mit eigener Praxis in Wiesbaden geworden, eine bildende

Künstlerin mit Lebensmittelpunkt in New York, eine Autorin mit Bindung an einen großen deutschen Verlag, einer hat die »Berliner Seiten« der FAZ miterfunden, zwei waren im September 2001 schon tot, andere, ohne Schulabschluss oder mit Abitur, sind in der westdeutschen Provinz verschwunden und einer hat sich für das Fach Soziologie habilitiert. Man freute sich im Übrigen über den Aufstieg der Comedians im Privatfernsehen, schüttelte den Kopf über das Desaster der Neuen Heimat und fragte sich, ob der Markt nicht doch manchmal besser sei als der Staat. Niemand von ihnen wäre auf den Gedanken gekommen, jemandem aus der Gruppe Vorhaltungen wegen ihres Lebenswegs oder ihrer Lebensauffassung zu machen. Die Boomer kennen im Unterschied zu den Achtundsechzigern keine Renegaten. Aber im Unterschied zu der ihnen folgenden Generation der zwischen 1981 und 1995 geborenen Millennials hatten die Boomer von Anfang an ein Gespür für den Ernstfall. Es geht zwar immer alles weiter, es kann jedoch auch plötzlich alles auf dem Spiel stehen.

Die Boomer haben den Neoliberalismus als Ausdrucksform einer Revolution des Ichs verstanden. Sie hatten schon in den 1970er Jahren die Erkenntnis gewonnen, dass die Gesellschaft nicht mehr durch die gusseisernen Formen des Sozialen oder durch den Historischen Kompromiss zwischen einem bürgerlichen und einem proletarischen Block zusammengehalten wird. Das Ich hatte diese Halterungen abgeworfen und sich selbst als Objekt einer befreienden Unruhe entdeckt. Die Statuen der Herrschaft waren durch eine Mikrophysik der Macht zum Einsturz gebracht worden, die in den Kämpfen zwischen den Geschlechtern, in den Beziehungen zwischen den Lehrenden und Lernenden, in den Verhandlungen zwischen Vorgesetzten und Untergebenen, in den Mediationen vor Gericht, in den Schlichtungsgesprächen zwischen den Tarifpartnern, in den Spielen zwischen Verkäuferinnen und Kundinnen oder in den freien Assoziationen zwischen Therapierenden und Therapierten wirksam war. Überall mischte das Ich mit, das sich mit Listen der Ohnmacht, Strategien der Einflussnahme, Finten der Täuschung oder Clous der Cleverness aus der Affäre zog. Für die Boomer war das Ich kein Fels in der Brandung, sondern eine Quelle von Wirkungen, die es selbst nicht überschaute. Es war jedenfalls nicht nur Repräsentant einer Position, sondern immer auch Ausdruck einer Distanz und Bestandteil eines Manövers.

Schumpeters Formel von der schöpferischen Zerstörung war die Parole der Stunde. Alle, im Osten wie im Westen, wollten die Geschichte des Kalten Krieges und die damit verbundenen Blockaden von Energie und Initiative hinter sich lassen und zu neuen Ufern aufbrechen. 1990 versprechen die beiden Chefs von »Goldman Sachs Asset Management«, das bis heute die Mehrheit der Investment- und Hedge-Fonds in den USA verwaltet, die Globalisierung ihrer »Merger & Acquisitions«-Tätigkeiten, das heißt des weltweiten Kaufs und Verkaufs von Unternehmen, ebenfalls 1990 bringt Microsoft seine Office-Software mit den Programmen Excel, Word und PowerPoint auf den Markt, 1994 wird das Internetkaufhaus Amazon gegründet, 1997 kehrt Steve Jobs zurück an die Spitze von Apple, das sich künftig mit iBook, iMac, PowerBook und Power-Mac auf vier Produktlinien konzentriert, und 1998 geht die Suchmaschine Google an den Start. Wirtschaftliche Innovation, hatte Schumpeter 1911 dargelegt[78], besteht in der Rekombination vorhandener Elemente und verspricht Pioniergewinne durch die Schaffung ganz neuer Märkte und ungeahnter Nachfragen. Man muss dazu freilich in der Lage sein, verschiedene Register zu ziehen, überraschende Querverbindungen herzustellen und günstige Gelegenheiten zu nutzen. Dies entsprach der Erfahrung von Boomern, die sich durch die Suspendierung eines vorgegebenen Sinns neue und andere existenzielle Territorien erschlossen hatten. »Stop Making Sense« hatte es ihnen im letzten Jahrzehnt vor dem Ende der Systemkonkurrenz ermöglicht, »No Future« als einen glücklichen Zustand zu erleben.

Es waren Boomer, die als »unternehmerische Unternehmer« in den Nineties die Welt veränderten. Die Hippie-Boomer und Studienabbrecher Bill Gates (Jahrgang 1955) und Paul Allen (Jahrgang 1953) ersannen den PC für alle und setzten das erste Betriebssystem des digitalen Kapitalismus durch. Der Plattensammler Steve Jobs (Jahrgang 1955) entwickelte die grafische Benutzeroberfläche und die Maus als intelligentes Spielzeug und setzte dann auf die anthropologische Besonderheit des Daumens als supersensiblem Organ der Gerätenutzung. Jeff Bezos (Jahrgang 1964) revolutionierte den Einzelhandel, Larry Page (Jahrgang 1973) und Sergey Brin (Jahrgang 1973) den Zugang zum Wissen der Welt. Dadurch haben sie die Bausteine für eine flache und glatte Welt der globalen Gleichzeitigkeit, der universellen Informiertheit und der allumfassenden Stimulierbarkeit geschaffen, die als ideologisch neutral, prinzipiell inklusiv und als grenzenlos eigendynamisch erscheint. Allein Robert Rubin und Stephen Friedman, die beiden Co-Senior-Partner von Goldman Sachs, die zu Beginn der Nineties die Globalisierung der Bank vorangetrieben und die Unternehmer der »New Economy« mit Geld versorgt haben, sind mit Jahrgang 1938 und 1937 eigentlich nicht mehr den Boomern zuzurechnen. Das Geld muss womöglich immer älter sein als die Unternehmer, die als geborene Schuldner, um noch einmal Schumpeter zu zitieren, aus dem Geld mehr Geld machen.

In Wahrheit kamen die Boomer in diesem manischen Jahrzehnt jedoch nicht umhin, an später zu denken. Das betraf die berufliche Festlegung ebenso wie die familiäre Bindung. Viele Boomer haben in den 1990er Jahren ihre Arztpraxis eröffnet oder ihr Architekturbüro gegründet, ihren Industriemeister gemacht oder sind als leitende Angestellte eine Stufe in der Unternehmenshierarchie nach oben geklettert, haben als Geistes- oder Sozialwissenschaftlerin noch eine Festanstellung ergattert oder sind als Ungelernte aufgrund einer betrieblichen Anlernkarriere in einem Unternehmen relativ sicher untergekommen. Parallel dazu haben die meisten Boomer in diesem Jahrzehnt ihr erstes Kind und damit ein Gefühl elterlicher Verpflichtungen bekommen. Die Beziehung zwischen Eltern und Kindern und zwischen Geschwistern sind unter modernen Bedingungen die einzigen unkündbaren Beziehungen im Leben eines Menschen. Man kann eine Ehe auch beenden, bevor der Tod einen scheidet, man kann Freundschaften einschlafen lassen, Lebensabschnittspartner aneinanderreihen und Nachbarschaften wechseln. Man wird jedoch die Verpflichtung nie los, Mutter eines Sohnes oder Tochter eines Vaters zu sein. Dieses Glück ist ohne eine entsprechende Last nicht zu haben. Für die Boomer bedeutete die Sorge für ihre Kinder eine Erdung in diesem Jahrzehnt der ungeheuren Kredite auf eine Zukunft der biotechnologischen Erneuerung, der digitalen Virtualisierung und der globalen Annäherung der Menschen. Die schöne Zeit des Endes einer Geschichte ohne große Alternative war mit dem Angriff auf die Twin Towers in New York schnell wieder vorbei.

In Deutschland hat schließlich die 1954 geborene Ost-Boomerin Angela Merkel in der patriarchalen CDU, nachdem sie die konkurrierenden West-Boomer aus dem Weg geräumt hatte, die Nachfolge des Flakhelfer-Generations-

Monuments Helmut Kohl angetreten und, nach der Aneignung des politischen Erbes der 68er-Kriegskinder Gerhard Schröder und Joschka Fischer, der Berliner Republik mit einer Politik der permanenten Orientierung an der Jetztzeit ihren Stempel aufgedrückt.

DIE INVERSION
DES ZUKUNFTS-
GLAUBENS

Den Boomern fällt es schwer, die glücklichste Zeit in ihrer kollektiven Biografie zu benennen. Die Unbeschwertheit in den frühen 1980er Jahren mit dem Punk und dem Gefühl, dass der Faden zu einer lastenden Vergangenheit wie zu einer drohenden Zukunft gerissen ist, war schwer erkauft mit mühsamen Lebensumständen, bescheuerten Verhaltensweisen, harten Schnitten und frühen Toten. Bis heute fühlen sie sich als gewünschte Kinder enttäuschter Eltern, die den Wiederaufstiegsenthusiasmus »So viel Anfang war nie!« als notwendige Illusion durchschauten. Der nach vorn gerichtete Lebenswille der jungen Weltkriegsteilnehmerinnen beruhte auf der Überzeugung, dass das Schlimmste, was einem passieren konnte, hinter ihnen lag. Deutschland hatte den Krieg verloren, die Opfer des Krieges waren auf allen Seiten umsonst und die Ermordung der europäischen Juden ein durch nichts wiedergutzumachendes Verbrechen. In den von Blei beschwerten Filzplatten von Joseph Beuys konnten die Kinder dieser Eltern nachvollziehen, dass eine solche Vergangenheit nicht vergeht. Die Katastrophen der 1980er Jahre, die die

Boomer selbst am eigenen Leib erlebt haben, haben sie davon überzeugt, dass auf dieser Welt nichts gesichert und überwunden ist. Trotzdem haben sie nie von ihrem Glauben gelassen, dass man davonkommen kann und als Preis dafür nicht zu irren Weltanschauungen stalinistischer, maoistischer oder sonstiger totalitärer Art Zuflucht suchen muss.

Diese Hoffnung scheint den jungen Menschen, die im 21. Jahrhundert geboren sind, zu fehlen. Es nützt offenbar nichts, wenn man ihnen von der realen Apokalypse der 1980er Jahre erzählt. Die Erzählbarkeit dieser Erfahrung wird im Gegenteil als Beweis ihrer Geltungsschwäche gewertet. Wer über den Untergang der Welt hinweggekommen ist, hat ihn nicht erlebt. Wer dann den Weltkrieg und den Holocaust als Erinnerungs- und Erfahrungsgepäck von Oma und Opa ins Feld führt, muss mit dem Hinweis rechnen, dass dies nur für Europa und die USA gelte. Der Weltkrieg war eben kein Weltkrieg und Völkermorde haben sich, wie die Beispiele der Ermordung der Ovaherero und Nama in Namibia (1904–1908) und die Ermordung der Tutsi in Ruanda (1994) zeigen, auch auf anderen Kontinenten ereignet. Jetzt ist die ganze Erde Schauplatz eines Untergangs der Menschheit.

Die Boomer teilen mit den Generationen des Nachkriegs das Empfinden, dass mit dem Weltkrieg und dem Völkermord das Schlimmste, was einem in Europa passieren kann, hinter ihnen liegt, aber sie verstehen, dass für ihre

Kinder und Enkel das Schlimmste, das einem auf unserem Kontinent zustoßen kann, noch bevorsteht. Die Boomer sind heute Zeugen einer Inversion des Zukunftsglaubens, die ihr gesamtes Wirklichkeitsverständnis auf die Probe stellt.

.

DAS DENKEN
DER BOOMER

Die Boomer sind ihr ganzes Leben lang auf Begriffe gestoßen, an die sie nicht glauben konnten, die sie sich aber trotzdem irgendwie anverwandelt haben: Leistung, Gemeinschaft, Technik, Fortschritt und Zukunft.

Dass der Programmbegriff der Leistungsgesellschaft eine Schimäre darstellte, wurde der Generation der Vielen schon auf der Schule klar. Sie waren einfach zu viele, und deshalb blieben viele, die viel leisten wollten, trotzdem auf der Strecke. Leistungsbereitschaft allein genügte eben nicht. Man musste sich früh genug in den richtigen Kreisen bewegen, seine Talente rechtzeitig entdecken oder einfach Glück haben. Außerdem musste man über einen Sinn für das gesamte Spektrum der Leistungsaspekte verfügen, sodass man Schwierigkeiten bei der Berufsfindung durch Schleifen in den sozialen Bewegungen der Frauen, des Friedens oder der Umwelt oder mangelnde Kompetenzen in den schulischen Kernfächern durch Charme, Cleverness oder Chuzpe ausgleichen konnte. Am wichtigsten allerdings war die innere Stärke, nach einem Schlag wieder aufzustehen und sich in der Konkurrenz unter den Vielen nicht unterbuttern zu lassen.

Daher rührt ein Denken, das mit dem Scheitern rechnet und Zufälle als Fingerzeige begreifen kann. Boomer sind für Leistung, weil darin ihre Chance lag, aber sie sind nicht für einen rabiaten Begriff der Leistungsgesellschaft zu haben, der jene wegputzt, die nicht so gut mitgekommen sind. Sie spüren da nämlich immer noch den Leistungsfanatismus ihrer Eltern, der alles Schwächliche und Zögerliche niedermacht.

Auch der Begriff der Gemeinschaft ist für sie nur mit Vorsicht zu genießen. Nicht unbedingt wegen der Volksgemeinschaft der Nazis, die es unter ganz anderen, nämlich sozialdemokratischen Vorzeichen auch in den skandinavischen Ländern gegeben hat[79], sondern weil ihnen der Gegensatz zwischen einer abstrakten Gesellschaft und einer konkreten Gemeinschaft viel zu groß und zu grob erscheint, um die Mikrobereiche der Empfindsamkeit und der Zugehörigkeit zu erfassen. Viele Boomer sind den Milieus ihrer Herkunft entwachsen und suchen Orte der Resonanz, die ihnen ein Empfinden von Eingebettetheit und Bezogenheit vermitteln. Das sind womöglich mehr Szenen mit eigenen Zeichensystemen als Milieus mit einer spezifischen Mentalität.[80]

Boomer lieben den klassenindifferenten Zuschauersport des Fußballs oder des Tennis, die politikindifferenten Szenen des Musikgeschmacks wie die Metal- oder die Country-Szene sowie die körperbetonten Yoga- oder Bodybuilder-Szenen. Hier mischen sich noch eingefleischte

SPD- und CDU-Wähler, Postkatholiken und Postprotes-
tanten, die Oberklasse mit Sitz- und die Unterklasse mit
Stehplatz und manchmal sogar wie bei Union Berlin Ost-
und Westberliner. Dies sind Beispiele posttraditionaler
Vergemeinschaftungen, die den Boomern das Empfinden
einer gewissen Aufgehobenheit in der Gesellschaft der Individuen ermöglichen. So findet man ein Gefühl von Gemeinschaft, ohne den Archaismen des Gemeinschaftsbe-
griffs auf den Leim zu gehen.

Technik ist für die Boomer kein Abschreckungsbegriff.
Sie wissen genau, dass Technik und Wissenschaft dann zur
Ideologie werden, wenn sie als Legitimationsgrundlage die-
nen für einen »technischen Staat« (Helmut Schelsky), der
sich aus sich selbst begründet, und für eine »formierte Gesellschaft« (Rüdiger Altmann), die von der politischen Ad-
ministration reguliert wird.[81] Aber sie haben die digitale
Technologie trotzdem als ungeheure Öffnung der Welt be-
grüßt. Was soll gegen intelligente Suchmaschinen, verbin-
dende soziale Medien und eine bequeme Finanzdienstleis-
tung zu sagen sein? Das quälende Paradox, dass man knech-
tende menschliche Jobs durch Industrieroboter ersetzt und
gleichzeitig überflüssige »Bullshitjobs« der digitalen Über-
wachung schafft, ist für die Boomer keine innere Notwendigkeit, sondern eine korrigierbare Fehlentwicklung.

Im Boomer-Denken erzwingen technologische Neuerungen institutionelle Neuerungen, sodass in neuen sozio-
technischen Arrangements aus technologischen Möglich-

keiten soziale Grundlegungen erwachsen können. Es ist die Lebenserfahrung der Boomer, dass die Technik unweigerlich ins individuelle Dasein eingreift. Das Smartphone wird zum alltäglichen Begleiter, die zwischen Menschen und Maschinen verteilte Intelligenz kann durch kein darüber schwebendes konstitutives Bewusstsein mehr gesteuert werden und die Abwehrkräfte des Körpers werden durch biotechnologisch erzeugte Botenmoleküle stimuliert. Für die Mehrheit der Boomer stellt sich längst nicht mehr die Frage, ob die Technik den Menschen oder der Mensch die Technik beherrscht. Sie haben kein ideologisches, sondern ein operatives Verhältnis zur Technik als Macht einer nicht mehr allein menschlichen Subjektivität. Das Individuum verbündet sich mit Kräften, die außerhalb seines Bewusstseins wirken, und verliert damit einerseits Handlungsmacht und gewinnt damit andererseits Weltzugang.

Fortschritt ist für die Boomer nicht der treffende Begriff für ihre Arrangements mit den Leistungsanforderungen, mit dem Vergemeinschaftungsbedarf und der Technikverwobenheit. Die 1990er Jahre waren für sie kein Jahrzehnt des Fortschritts, sondern eine Zeit der fortschreitenden Experimente ohne klare Richtung. Man war fasziniert von der Kategorie des Neuen, das nur das Andere, aber nicht unbedingt das Bessere oder Höhere darstellte. Von Schumpeter holte man sich die Rede vom Andersverwenden, Rekombinieren und Springen, um die Öffnung eines wirtschaftlichen Raums und die Veränderung einer Wertschöpfungskette zu bezeichnen. Vielen erschien dieses Neue allerdings als das Leere, das nur die Nichtigkeit einer hergebrachten Wirtschafts- und Gesellschaftsordnung zum Ausdruck brachte. Die 1990er Jahre waren daher nicht nur das Jahrzehnt der Disruptionsdynamik, sondern wurden zugleich eins der Zerstörungswut. 1994 gründete Silvio Berlusconi die Partei »Forza Italia« und begann so seinen Aufstieg als beispielgebender Populist eines »Extremismus der Mitte«, der die neoliberale Staatsphobie durch eine vulgärliberale Staatsverachtung ersetzte. Der destruktive Charakter, so wie ihn kein anderer als Walter Benjamin in einer Skizze von 1931 erfasst hat[82], beeindruckt mit der Einsicht, wie ungeheuer sich die Welt vereinfacht, wenn sie auf ihre Zerstörungswürdigkeit geprüft wird. Natürlich stets im Namen der gesellschaftlichen Ordnung. Heute erkennt man, dass Silvio Berlusconi das Modell für Geert Wilders, Viktor Orbán, Sebastian Kurz oder Donald Trump geliefert hat.

Die Boomer haben daraus den Schluss gezogen, dass nicht jede Veränderung Fortschritt bedeutet. Die Geschichte verläuft nicht linear, sondern oft in einem Zickzackkurs. Es sind sogar große gesellschaftliche Transformationen denkbar, die den Begriff des Fortschritts überhaupt in Frage stellen, weil sie das gesellschaftliche Betriebssystem insgesamt ändern. Wir haben uns etwa in einer langen Periode nach 1968 daran gewöhnt, die Emanzipation des Menschen an der Vermehrung subjektiver Rechte für die einzelne Person zu messen. Es ist ein Merkmal des Boomer-Denkens, solchen argumentativen Automatismen zu misstrauen. Hatte nicht schon Marx, erinnern sich manche Boomer aus ihrer »Kapital«-Kurs-Zeit, die mögliche Un-Menschlichkeit des Rechts herausgestellt? Jedenfalls könnte die Ermächtigung der Einzelnen durch Recht mit einer Immunisierung gegenüber den Anderen als Mitmenschen in einem gemeinsamen Leben erkauft werden. Dann wären wir in einer Gesellschaft absoluter Gerechtigkeit ohne jede Solidarität angelangt.[83]

Die Boomer sind schließlich in einer Welt vergangener Zukünfte[84] aufgewachsen und weitergekommen. Das begann mit ihren Eltern, die der vergangenen Zukunft ihrer Nazi-Jugend nachhingen, setzte sich fort in der Wiederbelebung der vergangenen Zukunft der Weimarer Republik durch die Parteiaufbauorganisationen der 1970er Jahre und endete mit der Beschwörung einer vergangenen Zukunft der geeinten Nation in der Berliner Republik. Immer setzten die Boomer ihre Gegenwart gegen diese Serie vergangener Zukünfte, um sich auf die Suche nach einer noch nicht verlorenen Zeit zu machen. Boomer glauben nicht an eine Zukunft, die lediglich unsere Vergangenheit verlängert. Sie wollen nämlich die Möglichkeit einer Zukunft nicht ausschließen, die wirklich die Zukunft unserer Gegenwart ist.

Für das Denken der Boomer ist das Rechnen mit dem Scheitern, das Bewusstsein für unlösbare Konflikte, der Blick auf eine Welt mit vergangenen Zukünften und die Notwendigkeit, in Situationen der Unentscheidbarkeit

Entscheidungen zu treffen, charakteristisch. In alledem steckt ein gewisser Existenzialismus, mit dem man sich von allen Arten des Laubsägedenkens eines Fortschritts in Freiheit und Gleichheit abgrenzt.

Boomer-Soziologen wie Dirk Baecker (Jahrgang 1955), Armin Nassehi (Jahrgang 1960), Ronald Hitzler (Jahrgang 1950) oder Uwe Schimank (Jahrgang 1955) haben eine Gesellschaft beschrieben, die nicht durch Orientierung an Werten, Gesellschaftscharakteren und Kulturmustern zustande kommt, sondern auf Aushandlungen beruht, Szenen bildet und mit Provisorien lebt. Diese Boomer-Soziologie, die lieber auf das Murmeln der Leute auf den verschiedenen Decks als auf die Parolen von den Staatslenkern und Gesellschaftsingenieurinnen auf der Brücke hört, gibt den Glauben an die Erklärungskraft eines allgemeinen Gesetzes oder eines leitenden Prinzips für die Gegenwartsgesellschaft auf. Liegt das ganze Rätsel der Gesellschaft nicht darin, dass niemand allein sein will und gleichzeitig alle einzigartig daherkommen wollen?

Diese bewusst tentative und zögerliche Soziologie weist freilich auf ein Problem der deutschen Boomer hin. Sie sind in ihrem Vorstellungsvermögen und in ihren Lebensauffassungen zu voll mit deutscher Geschichte, eingezwängt zwischen Nachkriegsgenerationen, zurückverwiesen auf eine Vergangenheit, die nicht vergeht. Im Vergleich mit der ihnen nachfolgenden Generation der jetzt dreißig- und vierzigjährigen Millennials, die überall schon auf der

Welt waren, bevor sie überhaupt denken konnten, wie die Welt aussieht, hinken die Boomer mit ihrem Weltwissen hinterher. Sie kennen Frankreich, Dänemark, das Vereinigte Königreich und die USA, aber Vietnam, Nigeria oder Borneo sind ihnen höchstens aus antiimperialistischen Broschüren, ethnologischen Berichten oder Erlebnisreisen bekannt. Die Ideen einer nächsten Gesellschaft sind zwar angenehm kühl und gar nicht dystopisch[85], aber die »Gäste aus der Zukunft« stammen bei ihnen weder aus Asien noch aus Afrika. Die Spekulationen über zukünftige Gegenwarten scheinen deshalb Hand und Fuß zu haben, weil sie zumeist Hochrechnungen von hier aus darstellen. Können sich die Boomer wirklich eine Welt ausdenken, die von Wissensingenieuren aus Bangalore, Architektinnen aus Nigeria und Techphilosophen aus der Mandschurei erdacht wird?

Damit ist eine weitere Anfrage an den Weltbegriff der Boomer verbunden. Die Boomer-Soziologen schlagen sich auf die Seite des vielgestaltigen Lebens und wollen im Kleinen groß denken. Aber was ist, wenn es mit einem Mal ums Ganze geht – wenn ganz in der Nähe ein Krieg ausbricht und ein Hegemoniekonflikt die Ordnung der Staatenwelt erschüttert? Reicht dann ein Denken der Entdramatisierung, der Dekomponierung und der Dezentrierung? Die Boomer, die sich lange Zeit als Zaungäste der Geschichte selbstmissverstanden haben[86], sehen sich heute vor die Herausforderung gestellt, Farbe bekennen zu müssen. Es sieht zum Glück gar nicht danach aus, dass sie damit überfordert wären. Bei aller Sortierung im Gewöhnlichen haben sie ihre Versuche über die Schwierigkeit, Ja zu sagen, nicht vergessen. Wer einmal wie die Überlebenden von Westberlin im Verein mit wildfremden anderen sein Leben selbst in die Hand genommen hat, weiß, worauf es ankommt, wenn die Stunde schlägt.

ABSCHIED
VON DEN ELTERN

Die Boomer befinden sich jetzt in einer lebensgeschichtlichen Lage, in der sie Abschied von ihren Eltern nehmen. Sie haben ihren an Alzheimer erkrankten Vater auf dem Weg ins Nirgendwo begleitet, sind seinen plötzlichen Erinnerungsfetzen an den Krieg gefolgt und haben gelernt, beim Spazierengehen das gemeinsame Schweigen zu ertragen. Sie haben mit der Mutter noch das Zimmer im Seniorenstift gemütlich eingerichtet und waren wie vom Schlag getroffen, als sie nach gerade einmal acht Wochen der Anruf erreichte, dass die Mutter in der Nacht verstorben sei. Sie haben sich anderthalb Jahre die Pflege des Vaters mit den Geschwistern geteilt und haben dafür Wochen auf der Bahn verbracht, oder sie sind sogar wieder in ihr Kinderzimmer eingezogen, weil es mit der Live-in-Pflege überhaupt nicht geklappt hat. Am Ende haben sie trotz vorliegender Patientenverfügung entscheiden müssen, ob der ins Koma gefallenen Mutter noch eine Ernährungssonde gelegt wird oder ob man sie mit einer lindernden Hilfe sterben lässt.

Von solchen Erfahrungen ist in den gut gemeinten und wohlbegründeten Verlautbarungen zur Förderung eines aktiven Alterns in einer Gesellschaft für alle Lebensalter keine Rede. Die »gewonnenen Jahre«[87] verändern das Verhältnis zwischen den Generationen in der Familie insofern, als Kinder, die sich in der nachelterlichen Lebensphase befinden, sich um Eltern kümmern, die als Hochbetagte am Ende ihres Lebens stehen. Die ganz Alten werden von den noch nicht so Alten in Obhut genommen. Beide teilen die Einsicht in das von Heidegger so bezeichnete »Vorlaufen auf den Tod«[88], mit dem Unterschied, dass die einen noch ein Lebensalter vor sich haben und die anderen das Ende ihres Lebens erwarten.

Die Pflege ihrer Eltern hat die Boomer in eine Grenzsituation gebracht, die Karl Jaspers zufolge dadurch charakterisiert ist, dass sie durch uns nicht zu verändern ist.[89] Situationen des Leidens, des Verlusts und des Sterbens konfrontieren mit einer Endgültigkeit, die man letztlich hinnehmen muss.

Man kann solchen Grenzsituationen nur ausweichen, indem man vor ihnen die Augen verschließt. Das ist verständlich, weil der Alltag fordert, dass man weitermacht und sich nicht wegreißen lässt. Im Gegenteil: Man halst sich noch mehr auf und gönnt sich noch weniger Ruhe. Aber es bleibt am Ende nichts anderes, als sich zu ergeben.

Die Einsicht in die Fatalität muss jedoch nicht bedeuten, dass man sich aufgibt und sich nur noch der Gewohnheit überlässt. Die Grenzsituation kann auch ein anderes Verständnis der eigenen Existenz eröffnen. Aus der Akzeptanz der Endlichkeit und Begrenztheit des eigenen Lebens kann sich womöglich eine gewisse Gesammeltheit im Blick auf das eigene Leben ergeben. Der Abschied von den Eltern konfrontiert die Boomer auf jeden Fall mit der Frage, was sie nach dem Erwerbsleben und angesichts der Eigenständigkeit der Kinder aus ihrem Leben machen wollen.

Das Sterben der Eltern gemahnt zudem ans eigene Sterben. Will man so sterben, wie die Eltern gestorben sind? Will man den eigenen Kindern zumuten, was einem die eigenen Eltern abverlangt haben? Können meine Leiden zu Lehren für die anderen werden?

Die geburtenstarken Boomer werden zweifellos zu einer großen Herausforderung für einen Wohlfahrtsstaat werden, der nach der Sorge für die Arbeit und nach der Sorge für die Bildung auch noch die Sorge für das Sterben übernommen hat. Die meisten Boomer haben offenbar verinnerlicht, dass sie selbst für ein gesundes Altern Sorge tragen müssen. Ausgewogene Ernährung, sportliche Betätigung und kognitive Anregung sind Themen für eine auf die alternden Boomer abgestimmte Angebotsökonomie geworden. Die Boomer sind Kundinnen, die sich entsprechend beraten, bedienen und stimulieren lassen. Da ist es von Vorteil, dass die verfügbaren Vermögen in der Gruppe der über Sechzigjährigen erkennbar höher sind als in den jüngeren Altersgruppen.

Aber bei der im hohen Alter deutlich erhöhten Wahrscheinlichkeit chronischer Erkrankungen und funktioneller Einbußen wird das Gegenteil von Eigenmotivation und Autonomiestreben wichtiger: nämlich die bewusst angenommene Abhängigkeit. Damit ist die Fähigkeit des Hilfe empfangenden Menschen gemeint, nicht mehr veränderbare Einschränkungen hinzunehmen und die notwendigen Hilfen einzufordern und anzunehmen.[90] Das ist leicht gesagt, aber schwer getan. Denn dies verlangt eine grundsätzliche Daseinsakzeptanz und Dankbarkeitsbereitschaft, die man normalerweise mit einem religiösen Glauben in Verbindung bringt.

So kommen die Boomer beim Abschied von ihren Eltern mit Fragen letzter Bedeutung in Berührung. Wie kann man sich fallen lassen, ohne sich aufzugeben, wie loslassen, ohne sich zu verlieren? Wer nicht in die Kirche gehen will und keine Ratgeber mag, hat's nicht leicht. »Tage gehen hin und manchmal höre ich das Leben gehen.«[91]

WEDER SCHLECHTE NOCH GUTE VORFAHREN

Die Boomer erleben den Beginn eines neuen Zeitalters der Erde. Nie zuvor hat menschliches Verhalten die Ökosysteme mit solcher Intensität, in solchem Ausmaß und mit derartiger Geschwindigkeit verändert wie seit 1960. Es gab keine Generation vorher, die so viele Kilometer mit dem Auto, so viele Meilen mit dem Flugzeug zurückgelegt, so viele Kilowattstunden Strom für die Klimaanlagen und Computer, so viele Tonnen Erdöl für Kunststoffe und so viele Kilowattstunden Gas für Wärme verbraucht hat. Diese »große Beschleunigung« aller menschlichen Lebensverhältnisse könnte sich am Ende als einschneidender für alles Leben auf der Erde erweisen als die großen Fortschritte, die man normalerweise in Begriffen der Demokratisierung, Liberalisierung, Dekolonisierung und Prosperisierung erfasst. Dass die daraus folgende Systemfrage nicht mit einer Kritik des Kapitalismus erledigt ist, liegt auf der Hand.[92]

Die Nachgeborenen erwarten von den Boomern angesichts solcher Bilanzen heute offenbar, dass sie sich doch noch als »gute Vorfahren«, so der Titel eines Sachbuchs aus England aus dem Jahre 2000 mit dem auffordernden

Untertitel »How to Think Long-Term in a Short-Term World«[93], erweisen sollen. Sie mögen bitte eingestehen, dass sie ihr schönes Leben auf Kosten ihrer Nachfahren gelebt haben, und man gibt ihnen den pastoralen Rat, jetzt durch das große Beispiel einer asketischen Altersexistenz tätige Reue zu zeigen. Aus Gründen der Generationengerechtigkeit müssten Vermeidungsstrategien unbedingt Vorrang vor Anpassungsstrategien haben.

In der Rivalität der Lebensalter hat offenbar eine Umkehrung stattgefunden. Der Neid auf das spätere, das für ein unbeschwertes Leben in der Zukunft steht, hat sich in einen Neid auf das frühere verwandelt, das für ein unbeschwertes Leben in der Vergangenheit steht. Die Jüngeren wollen die Älteren nicht einfach abtreten lassen, sondern sie machen ihnen auf offener Bühne den Prozess. Es steht der Vorwurf im Raum, dass die Boomer als Vorfahren ihren Nachfahren die Zukunft gestohlen haben.[94]

Wie konntet ihr einfach so dahinleben? Warum habt ihr nicht zur Kenntnis nehmen wollen, was die Wissenschaft bereits zu Beginn der siebziger Jahre vorausgesagt hat? Warum seid ihr nicht wenigstens jetzt zur Umkehr bereit?

Es ist denkbar geworden, dass der Welt die Zeit ausgeht und deshalb die eigene Zeit immer auch die Zeit der Anderen ist. Das so gedachte Nullsummenspiel der Zeit führt unweigerlich zur Panik in der Zeit, wenn undenkbar ist, dass die Zeit nicht einfach nur vergeht, sondern immer auch auf eine überraschende und unvorhersehbare Weise kommen kann. Das wäre ein Zeit, die deshalb aussteht, weil sie nicht nur Zeit des Menschen ist, so wie er hier und jetzt ist, sondern auch eine, welche die Zeit des Menschen mit anderen Zeiten, wie man dann in einer Sprache der Rettung sagt, des Himmels und der Erde in Verbindung bringt. Jacques Derrida hat dazu den einigermaßen tröstlichen Gedanken entwickelt, dass die Zeit niemandem gehört und folglich weder gestohlen noch wiedergegeben werden kann.[95]

Boomer hatten noch nie eine gute Meinung davon, anderen ein schlechtes Gewissen zu machen, weil sie, ohne an sich selbst zu glauben, als eine Generation der viel zu Vielen nie etwas hinbekommen hätten. Sie sehen selbst, dass etwas schiefgelaufen ist und nach wie vor schiefläuft und dass sie sich nicht einfach in ein geruhsames Alter davonstehlen können. Der Begriff, für den die Gruppe der Boomer aus dem untergegangenen Westberlin einsteht, ist der Begriff des lebendigen Experiments. Die Praktiken von *repair, rebuild* und *reuse* waren damals nötig, um sich einen Ort in der Welt zu schaffen. Man musste allerdings auch bereit sein, ein Leben zu führen, von dem man vorher keine Ahnung hatte. Es braucht einen Sinn für Kontingenz, gerade keine Utopie, sondern die Kraft, die Dinge hier und jetzt klar zu sehen, damit man wirklich etwas anders machen kann. Ohne einen Begriff der irreversiblen Sachlage gelingen keine nachhaltigen Lösungen, die das »Ende vom Ende der Welt«[96] vorstellbar machen. Ergibt sich aus der Kollektivbiografie der Boomer eine Formel für Verhaltenslehren der Zukunft? Boomer sind skeptisch, was Letztbegründungen aller Art betrifft, sie wollen deshalb aber natürlich nicht die Hände in den Schoß legen. Sie wollen keine Wahrheit verwalten, sondern Wirkungen ausprobieren. Sagen wir also als Formel für die Zukunft: Wirkungswille ohne Letztbegründung.

ANMERKUNGEN

1 Bude, Munk, Wieland, Aufprall, München 2020, S. 12.

Die Kohorte

2 Colin Crouch, Vom Urkeynesianismus zum privatisierten Keynesia-
   nismus – und was nun?, in: Leviathan 37, 2009, S. 318–326.
3 So lautete die Formel, die die Bildungsreform in der Bundesrepublik
   der 1970er Jahre anleitete. Die Erweiterung der humanistischen Gym-
   nasien um neusprachliche, naturwissenschaftliche, sozialwissenschaft-
   liche, um Musik- und Sportgymnasien, die Einrichtung von Fachhochschulen und Gesamthochschulen und die Durchsetzung koedu-
   kativer Schulen sorgten für die soziale Erweiterung der Bildungsbeteiligung.
4 Heiner Müller, Rotwelsch, Berlin 1982, S. 98.

Frühe Prägungen

5 Rainer Mackensen, Bevölkerung und Gesellschaft in Deutschland.
   Die Entwicklung 1945–1978, in: Joachim Matthes (Hrsg.), Sozialer
   Wandel in Westeuropa. Verhandlungen des 19. Deutschen Soziologentags Berlin 1979, Frankfurt am Main und New York 1979,
   S. 443–464.
6 Sebastian Haffner, Anmerkungen zu Hitler, Taschenbuchausgabe
   Frankfurt am Main 1981, S. 31.
7 Hans Dieter Schäfer, Das gespaltene Bewusstsein. Vom Dritten Reich
   bis zu den langen Fünfziger Jahren. Berlin et al. 1984.

8 Hans-Ulrich Wehler, Deutsche Gesellschaftsgeschichte, Band 5: Bundesrepublik und DDR 1949–1990, München 2008, S. 142.

9 Siehe zu diesen Szenen des Ursprungs die Boomer-Romane von Ralf Rothmann, Milch und Kohle, Frankfurt am Main 2000, und Hans-Ulrich Treichel, Der Verlorene, Frankfurt am Main 1998.

10 »Mit uns zieht die neue Zeit« war die Parole der Jugendbewegung vom Anfang des 20. Jahrhunderts.

11 Die Wirtschaftswunderkinderwelt beschreibt Rainer Moritz, Ich Wirtschaftswunderkind. Mein famoses Leben mit Peggy March, Petar Radenkovic und Schmelzkäseecken, München und Zürich 2008.

12 Donella Meadows, Dennis Meadows et al., Die Grenzen des Wachstums. Der Bericht des Club of Rome zur Lage der Menschheit, Stuttgart 1972.

13 Fritz Zorn, Mars. »Ich bin jung und reich und gebildet; und ich bin unglücklich und allein …«. Mit einem Vorwort von Adolf Muschg, München 1977.

14 Susan Sontag, Krankheit als Metapher, München 1978.

15 Arthur Janov, Der Urschrei. Ein neuer Weg der Psychotherapie, Frankfurt am Main 1973.

16 Frederick S. Perls, Ralph. F. Hefferline und Paul Goodman, Gestalt-Therapie. Lebensfreude und Persönlichkeitsentfaltung, Stuttgart 1979.

17 Jörg Andrees Elten, Ganz entspannt im Hier und Jetzt. Tagebuch über mein Leben mit Bhagwan in Poona, Reinbek 1977.

18 Anselm Doering-Manteuffel und Lutz Rafael, Nach dem Boom. Perspektiven auf die Zeitgeschichte seit 1970, Göttingen 2008, oder Konrad H. Jarausch (Hrsg.), Das Ende der Zuversicht? Die siebziger Jahre als Geschichte, Göttingen 2008.

19 Rainer Zoll, Ein neues kulturelles Modell. Zum soziokulturellen Wandel in Gesellschaften Westeuropas und Nordamerikas, Opladen 1992.

20 Daniel Bell, Die nachindustrielle Gesellschaft, Frankfurt am Main/ New York 1975.

21 Daniel Bell, Die Zukunft der Welt. Kultur und Technologie im Widerstreit, Frankfurt am Main 1976.

22 Dazu immer noch lehrreich die Abhandlung eines Nachkriegssoziologen mit der Erfahrung eines Wandervogels: Friedrich H. Tenbruck, Jugend und Gesellschaft. Soziologische Perspektiven, Freiburg im Breisgau 1962.

23 Heinz Bude, Das Altern einer Generation. Die Jahrgänge 1938–1948, Frankfurt am Main 1995.

24 Marina Fischer-Kowalski, Halbstarke 1958, Studenten 1969. Eine Generation und zwei Rebellionen, in: Ulf Preuss-Lausitz u. a., Kriegskinder, Konsumkinder, Krisenkinder. Zur Sozialisationsgeschichte seit dem Zweiten Weltkrieg, Weinheim und Basel 1983, S. 53–70.

25 Karl Mannheim, Das Problem der Generationen, in: ders., Wissenssoziologie. Auswahl aus dem Werk, eingeleitet und herausgegeben von Kurt H. Wolff, Berlin 1964, S. 509–665 (zuerst 1928).

26 A. a. O., S. 535.

27 Ralf Dahrendorf, Bildung ist Bürgerrecht. Plädoyer für eine aktive Bildungspolitik, Hamburg 1965.

28 So der Titel des Klassikers von Pierre Bourdieu und Jean-Claude Passeron, Die Illusion der Chancengleichheit. Untersuchungen zur Soziologie des Bildungswesens am Beispiel Frankreichs, Stuttgart 1971 (französisch zuerst 1964).

29 Georg Picht, Die deutsche Bildungskatastrophe, Olten und Freiburg im Breisgau 1964.

30 Gerd Dietrich unterscheidet in seiner dreibändigen Kulturgeschichte der DDR die Übergangs- (von 1945 bis 1957), die Bildungs- (von 1958 bis 1976) und die Konsumgesellschaft (von 1977 bis 1990) der DDR, Göttingen 2018.

31 Zu dieser sozialstrukturellen Formation der DDR Rudi Weidig u. a., Sozialstruktur der DDR, Berlin 1988, S. 125–153.

32 Siehe für diesen von den Boomern-Ost erlebten Zusammenhang von sozialer Nivellierung und blockierter Mobilität Steffen Mau, Lütten Klein. Leben in der ostdeutschen Transformationsgesellschaft, Berlin 2019, S. 43–62.

33 Dies ist das Ergebnis eines Sozialberichts der Europäischen Union, der

unabhängig von den PISA-Vergleichen in der OECD erstellt worden ist. Vgl. dazu Heinz Bude, Bildungspanik. Was unsere Gesellschaft spaltet, München 2011, S. 38–54.

34 Etwa Cordia Schlegelmilch, Taxifahrer Dr. phil. Akademiker in der Grauzone des Arbeitsmarktes, Opladen 1987.

35 Dies ein Ausdruck von Niklas Luhmann, Zum Begriff der sozialen Klasse, in: ders., Soziale Differenzierung. Zur Geschichte einer Idee, Opladen 1985, S. 119–162, hier S. 147.

Die Generation in der Mitte

36 Vgl. hier und zum Folgenden Ulrike Ehrlich und Claudia Vogel, Babyboomer in Deutschland. Erwerbsverhalten, ehrenamtliches Engagement, Fürsorgetätigkeiten und materielle Lage. Deutsches Zentrum für Altersfragen (DZA Aktuell: Deutscher Alterssurvey) 2018.

37 Lutz Niethammer, Erfahrungen und Strukturen. Prolegomena zu einer Geschichte der Gesellschaft der DDR, in: Hartmut Kaelble und Jürgen Kocka (Hrsg.), Sozialgeschichte der DDR, Stuttgart 1994, S. 95–118.

Kulenkampff, Willy Brandt und die RAF

38 Ulrich Beck, Jenseits von Stand und Klasse. Auf dem Weg in die individualisierte Arbeitnehmergesellschaft, in: Merkur 38, 1984, S. 485–497.

39 Hermann Lübbe, Der Nationalsozialismus im deutschen Nachkriegs-bewusstsein, in: Historische Zeitschrift 236, 1983, S. 579–599.

40 Hans-Peter Schwarz, Die ausgebliebene Katastrophe, in: Hermann Rudolph (Hrsg.), Den Staat denken. Theodor Eschenburg zum 85. Geburtstag, Berlin 1993, S. 151–174.

41 Jean-François Lyotard, Das Patchwork der Minderheiten, Berlin 1977, S. 7.

42 So der 1940 geborene Rolf Dieter Brinkmann, Rom, Blicke, Reinbek
   1979, S. 356.
43 Jens Gieseke, Bevölkerungsstimmungen in der geschlossenen Gesellschaft. MfS-Berichte an die DDR-Führung. Zeithistorische Forschun-
   gen/Studies in Contemporary History, Online-Ausgabe 4, Heft 2,
   2008.
44 Zum Folgenden Wolfgang Kraushaar (Hrsg.), Die RAF und der linke
   Terrorismus. Bd. 1, Hamburg 2006, S. 696–714.

Die nachgeholte Verstörung

45 Sigmund Freud, Der Familienroman der Neurotiker (1909), in: ders.,
   Gesammelte Schriften, Bd. VII, Wien, Leipzig, Zürich 1927,
   S. 225–331.
46 Saul Friedländer, Kitsch und Tod. Der Widerschein des Nazismus,
   München 1984.
47 A. a. O., S. 34.
48 So Rudolf Walter Leonhardt, Lieder aus dem Krieg, München 1979.
49 Friedländer, Kitsch und Tod, S. 23.
50 A. a. O., S. 116.
51 A. a. O., S. 123.
52 Interview with Abraham Bomba, Claude Lanzmann, Shoah Collec-
   tion, USHMM, Accession Number: 1996.166.1, S. 59.

Ironie und Tragik

53 Gespräch mit Harun Farocki, in: Heiner Müller, Rotwelsch, Berlin
   1982, S. 132–139, hier S. 132.
54 A. a. O., S. 133.
55 Hier und zum Folgenden Thomas Ahbe und Rainer Gries, Die Generationen der DDR und Ostdeutschlands. Ein Überblick, Berliner
   Debatte INITIAL 14, Heft 4, S. 90–109.
56 Everhard Holtmann et al., Deutschland 2014. 25 Jahre Friedliche

Revolution und Deutsche Einheit. Ergebnisse eines Forschungsprojekts. Endbericht, Berlin 2015, S. 107 ff.

57 Heinz Bude, Das Ende einer tragischen Gesellschaft, in: Hans Joas und Martin Kohli (Hrsg.), Der Zusammenbruch der DDR. Soziologische Analysen, Frankfurt am Main 1993, S. 267–281.

58 Dazu M. Rainer Lepsius, Das Erbe des Nationalsozialismus und die politische Kultur der Nachfolgestaaten des »Großdeutschen Reichs«, in: Max Haller et al. (Hrsg.), Kultur und Gesellschaft. Verhandlungen des 24. Deutschen Soziologentags, des 11. Österreichischen Soziologentags und des 8. Kongresses der Schweizerischen Gesellschaft für Soziologie in Zürich 1988, Frankfurt am Main 1989, S. 247–264.

59 So die Begriffe von Helmuth Plessner, Die verspätete Nation, Stuttgart 1959.

60 Diese Formel stammt von dem Schweizer Journalisten und Publizisten Fritz René Allemann, Bonn ist nicht Weimar, Köln 1956.

61 Albert O. Hirschman, Abwanderung, Widerspruch und das Schicksal der Deutschen Demokratischen Republik, Leviathan 20, Nr. 3, 1992, S. 330–358. Siehe dazu weiterführend Detlef Pollack, Das unzufriedene Volk. Protest und Ressentiment in Ostdeutschland von der friedlichen Revolution bis heute, Bielefeld 2020.

62 Heinz Bude, Die ironische Nation. Soziologie als Zeitdiagnose, Hamburg 1999.

63 Heinz Bude, Generation Berlin, Berlin 2001.

Brokdorf

64 Günther Anders, Die atomare Drohung. Radikale Überlegungen zum atomaren Zeitalter, München 1993, S. 179.

65 Das hier zitierte Gedicht heißt »Zauberwürfel« und stammt von Dirk von Petersdorff, in: ders., Sirenenpop. Gedichte, München 2014, S. 13. Dazu Daniel Fulda, »Nur wie das ging, hab ich vergessen«. Ein Gedicht von Dirk von Petersdorff historisiert die alte Bundesrepublik, in: Zeitschrift für Deutsche Philologie 141, 2022, Heft 2, S. 261–280.

Die Entdeckung der eigenen Stimme

66 Lutz Seiler, Stern 111, Berlin 2020.
67 A. a. O., S. 238.

Aids und Tschernobyl

68 So in einem Gespräch anlässlich der »Reminders-Day-Aids-Gala« im
    August 2011 in Berlin.
69 Ulrich Beck, Risikogesellschaft. Auf dem Weg in eine andere Moder-
    ne, Frankfurt am Main 1986, S. 7–11.
70 Charles Perrow, Normale Katastrophen. Die unvermeidlichen Risiken
    der Großtechnik, Frankfurt am Main und New York 1992 (englisch
    zuerst 1987).
71 Swetlana Alexijewitsch, Tschernobyl. Eine Chronik der Zukunft,
    Berlin 1997 (russisch zuerst 1997), S. 44 f.
72 Zum Folgenden Henning Tümmers, Aids. Autopsie einer Bedrohung
    im geteilten Deutschland, Göttingen 2017.
73 Jürgen Lemke, Ganz normal anders. Auskünfte schwuler Männer aus
    der DDR, Frankfurt am Main 1989.
74 Heiner Müller, Rotwelsch, S. 51.

Operationen am offenen Herzen

75 Bude, Munk, Wieland, Aufprall, S. 201.
76 Luce Irigaray, Das Geschlecht, das nicht eins ist. Übersetzt von Eva
    Meyer und Heidi Paris, Berlin 1979.
77 Bude, Munk, Wieland, Aufprall, S. 202.

Die Roaring Nineties

78 Joseph Schumpeter, Theorie der wirtschaftlichen Entwicklung, Berlin
2006 (zuerst 1911).

Das Denken der Boomer

79 Tim B. Müller, Nach dem Ersten Weltkrieg. Lebensversuche moderner Demokratien, Hamburg 2014.
80 Ronald Hitzler, Anne Honer und Michaela Pfadenhauer (Hrsg.), Posttraditionale Gemeinschaften, Wiesbaden 2006.
81 Jürgen Habermas, Technik und Wissenschaft als »Ideologie«, Frankfurt am Main 1968.
82 Walter Benjamin, Der destruktive Charakter, in: Gesammelte Schriften, Band IV, 1. Kleine Prosa. Baudelaire-Übertragungen, Frankfurt am Main 1972, S. 396–398.
83 Heinz Bude, Solidarität. Die Zukunft einer großen Idee, München 2019.
84 Zu dieser Formel Reinhart Koselleck, Vergangene Zukunft. Zur Semantik geschichtlicher Zeiten, Frankfurt am Main 1979.
85 Dirk Baecker, Studien zur nächsten Gesellschaft, Frankfurt am Main 2007.
86 Reinhard Mohr, Zaungäste. Die Generation, die nach der Revolte kam, Frankfurt am Main 1992.

Abschied von den Eltern

87 Arthur E. Imhof, Die gewonnenen Jahre. Von der Zunahme unserer Lebensspanne seit dreihundert Jahren oder von der Notwendigkeit einer neuen Einstellung zu Leben und Sterben, München 1981.
88 Dies ist bekanntlich der Kern von Heideggers Philosophie der Selbstwerdung.

89 Karl Jaspers, Philosophie. Drei Bände, 6. Aufl. Heidelberg 1973 (zuerst 1932).

90 Andreas Kruse, Selbstständigkeit, Selbstverantwortung, bewusst angenommene Abhängigkeit und Mitverantwortung als Kategorien einer Ethik des Alters, in: Zeitschrift für Gerontologie & Geriatrie 38, 2005, S. 273–286.

91 Rainer Maria Rilke, Briefe in zwei Bänden. Herausgegeben von Horst Nalewski, Frankfurt am Main 1991, S. 112.

Weder schlechte noch gute Vorfahren

92 Dipesch Chakrabarty, The Politics of Climate Change is More Than the Politics of Capitalism, in: Theory, Culture & Society 34, 2017, S. 25–37.

93 Roman Krznaric, The Good Ancestor. How to Think Long-Term in a Short-Term World, London 2000.

94 Siehe hierzu und zum Folgenden Emil Angehrn, Die Zeit des Anderen. Geteilte Erinnerung, gestohlene Zukunft, geschenkte Zeit, Hamburg 2023.

95 Jacques Derrida, Falschgeld. Zeit geben I, München 1993.

96 Jonathan Franzen, Das Ende vom Ende der Welt, Hamburg 2019.